INCIDÊNCIA DO ICMS NAS OPERAÇÕES DE IMPORTAÇÃO

Luciano Garcia Miguel

Mestre e doutorando em direito tributário pela Pontifícia Universidade Católica de São Paulo – PUC/SP. Professor do IBET Instituto Brasileiro de Estudos Tributários. Diretor da Consultoria Tributária da Secretaria da
Fazenda do Estado de São Paulo

INCIDÊNCIA DO ICMS NAS OPERAÇÕES DE IMPORTAÇÃO

São Paulo

2013

Copyright © 2013 By Editora Noeses
Coordenação: Alessandra Arruda
Revisão: Semíramis Oliveira
Capa: Ney Faustini
Produção editorial/arte: Denise Dearo

CIP - BRASIL. CATALOGAÇÃO-NA-FONTE
SINDICATO NACIONAL DOS EDITORES DE LIVROS, RJ.

M5887   Miguel, Luciano Garcia.
                Incidência do ICMS nas operações de importação / Luciano Garcia
          Miguel. – São Paulo : Noeses, 2013.

          Inclui bibliografia. 240 p.

          1. Direito. 2. Direito Constitucional do Direito. 3. ICMS. I. Título.

                                                                        CDU 340

2013

Todos os direitos reservados

Editora Noeses Ltda.
Tel/fax: 55 11 3666 6055
www.editoranoeses.com.br

SUMÁRIO

PREFÁCIO... XI

1 SISTEMA DE DIREITO................................. 1

1.1 O direito como objeto cultural...................... 1

1.2 Noção de sistema 4

1.3 Evolução da noção de sistema na filosofia do direito 5

1.4 Fontes do direito 12

2 PERFIL CONSTITUCIONAL DO ICMS 15

2.1 Operações relativas à circulação de mercadorias e prestações de serviços de comunicação e de transporte interestadual e intermunicipal...................... 16

2.2 Princípio da não-cumulatividade........................ 21

2.3 Competência dos Estados e do Distrito Federal...... 27

    2.3.1 Competência tributária........................... 28

    2.3.2 Competência para instituição do ICMS.......... 29

2.4 Incidência do ICMS nas operações interestaduais . 31

3 LEIS COMPLEMENTARES E RESOLUÇÕES DO SENADO RELACIONADAS AO ICMS 37

3.1 Leis complementares 37

V

3.1.1 Leis complementares como instrumento de harmonização da legislação tributária 37

3.1.2 Relação das leis complementares tributárias com as leis ordinárias tributárias 44

3.1.3 Leis complementares tributárias relativas ao ICMS 46

3.1.3.1 Lei Complementar n. 87/96 48

3.1.3.2 Lei Complementar n. 24/75 57

3.1.3.2.1 Benefícios fiscais e benefícios financeiros 58

3.1.3.2.2 Espécies de benefícios fiscais 62

3.1.3.2.2.1 Isenção 62

3.1.3.2.2.2 Redução de base de cálculo 66

3.1.3.2.2.3 Crédito presumido 70

3.1.3.2.2.4 Anistia, remissão, transação, moratória, parcelamento e ampliação do prazo de recolhimento do imposto 72

3.2 Resoluções do Senado relativas ao ICMS 75

4 ATOS EXPEDIDOS PELO CONFAZ E PELAS LEGISLAÇÕES INTERNAS DOS ESTADOS E DO DISTRITO FEDERAL 79

4.1 Estrutura e competência do CONFAZ 80

4.1.2 Atos expedidos pelo CONFAZ 82

4.1.2.1 Convênios relativos a benefícios fiscais 82

4.1.2.2 Outros atos 87

4.1.3 Recepção dos atos celebrados no âmbito do CONFAZ na legislação interna 89

4.1.3.1 Introdução de convênios que aprovam benefícios fiscais 89

4.1.3.2 Recepção de outros atos 96

4.2 Legislações dos Estados e do Distrito Federal 98

4.2.1 Fixação das alíquotas do ICMS 99

4.2.2 Deveres instrumentais 107

4.2.2.1 Fundamento da imposição dos deveres instrumentais 109

4.2.2.2 Destinatário dos deveres instrumentais 113

4.2.3 Sanções para as infrações tributárias 115

4.2.4 Substituição tributária 117

5 INCIDÊNCIA DO ICMS NAS OPERAÇÕES DE IMPORTAÇÃO 121

5.1 Incidência das normas jurídicas 122

5.2 Critérios da hipótese da regra-matriz de incidência 124

5.2.1 Critério material 125

5.2.2 Critério espacial 131

5.3.3 Critério temporal 132

5.3 Critérios do consequente da regra-matriz de incidência 137

5.3.1 Critério pessoal 137

5.3.1.1 Critério constitucional para determinação do sujeito ativo e do sujeito passivo 138

5.3.1.2 Explicitação do critério pessoal pelo STF 144

5.3.1.3 Importação por "conta própria", por "conta e ordem de terceiro" e "por encomenda" 151

5.3.1.4 Responsável 156

5.3.2 Critério quantitativo.. 159

   5.3.2.1 Alíquota 160

   5.3.2.2 Base de cálculo...................................... 161

      5.3.2.2.1 Valor da mercadoria ou bem. 161

      5.3.2.2.2 Conversão do valor expresso em moeda estrangeira 162

      5.3.2.2.3 Impostos, taxas e contribuições decorrentes da importação e despesas aduaneiras 162

      5.3.2.2.4 Método de apuração do valor devido 163

      5.3.2.2.5 Reimportação de bem ou mercadoria remetidos ao exterior sob amparo do Regime Aduaneiro Especial de Exportação Temporária para Aperfeiçoamento Passivo 165

      5.3.2.2.6 Redução de base de cálculo .. 165

5.4 Deveres instrumentais nas operações de importação 166

6 BENEFÍCIOS FISCAIS E A "GUERRA FISCAL" DO ICMS NAS OPERAÇÕES DE IMPORTAÇÃO 171

6.1 Condições para a concessão dos benefícios 171

6.2 Principais benefícios autorizados pelo CONFAZ.... 172

   6.2.1 Convênios de interesse social........................... 173

   6.2.2 Convênios de interesse estratégico.................... 175

      6.2.2.1 Convênio ICMS 27/90 (*drawback*) 175

      6.2.2.2 Convênio ICMS 58/99 (admissão temporária) 178

      6.2.2.3 Convênio ICMS 28/2005 (REPORTO).. 179

      6.2.2.4 Convênio ICMS 32/2006 (transporte ferroviário) 179

INCIDÊNCIA DO ICMS NAS OPERAÇÕES DE IMPORTAÇÃO

6.2.2.5 Convênio ICMS 65/2007 (indústria aeronáutica) 180

6.2.2.6 Convênio ICMS 130/2007 (REPETRO) 180

6.3 Concessão de benefícios fiscais de forma unilateral... 181

6.3.1 Irrelevância jurídica de argumentos que buscam justificar a "guerra fiscal" 184

6.3.2 Fatores que propiciam a adoção e a continuidade da "guerra fiscal" 186

6.3.2.1 As sanções previstas na Lei Complementar n. 24/75 187

6.3.2.2 As formas de reação aos benefícios concedidos unilateralmente 191

6.3.2.2.1 "Glosa de créditos" do ICMS 192

6.3.2.2.2 Ação direta de inconstitucionalidade 195

6.4 A "guerra fiscal" nas operações de importação 198

6.4.1 Mecanismo básico da "guerra fiscal" nas operações de importação 199

6.4.2 Exemplos de benefícios irregulares 202

6.4.3 Proposta do CONFAZ para solucionar os problemas relativos às operações de importação 206

6.4.4 Resolução do Senado n. 13, de 2012 211

6.4.5 O último capítulo da "guerra fiscal" 217

REFERÊNCIAS **219**

IX

PREFÁCIO

Com o texto que tenho a satisfação de prefaciar, **Luciano Garcia Miguel** oferece interessante e sugestivo acréscimo à doutrina brasileira sobre o ICMS, que tanto vem preocupando o meio jurídico nacional, em função de suas inevitáveis repercussões no complexo sistema de integração social, política e econômica do Estado brasileiro.

O descontrole das iniciativas e a sucessão de providências tomadas isoladamente pelas unidades federadas suscitaram uma *"guerra fiscal"* sem precedentes, cujos detrimentos ultrapassaram as mais ousadas previsões dos especialistas. Penso que ninguém, em sã consciência, imaginou até que ponto chegaria o desgaste de uma competição dessa ordem, demorada e extravagante, com expedientes despropositados e medidas esdrúxulas de retaliação, surgindo como algo que fosse avançando e produzindo efeitos perniciosos, sem que a vigilância dos órgãos superiores da atividade jurisdicional pudesse interferir, com eficácia, para manter a integridade daquilo que se chama de *pacto federativo*. A situação, porém, se agravou. A *guerra fiscal* prossegue, fazendo reaparecer agora as acirradas disputas em torno de propostas que, de qualquer forma, têm o condão de desagradar importantes setores de nossa combalida federação, desenhando outro tipo de desequilíbrio para solucionar impasse que continua grave e inalterado. Aquilo que poderia assumir foros positivos, estimulando competição sadia entre os Estados-membros para incrementar as respectivas receitas tributárias e fazendo desenvolver os instrumentos jurídico-administrativos de controle da legislação do ICMS, foi amplamente superado pela força avassaladora de um desrespeito mútuo instalado entre as pessoas políticas, clima de desentendimento nunca visto na conturbada história das instituições jurídico-fiscais de nosso país.

A federação brasileira está em crise! De há muito, a União, cujo nome inteiro é "União dos Estados Federados", foi-se distanciando das unidades que a compõem, numa histórica campanha de fortalecimento econômico e político, rompendo o equilíbrio que se exige de uma federação onde as pessoas de direito constitucional hão de estar parificadas para manter-se a harmonia e o equilíbrio do modelo concebido. Tal movimento, exercido como uma força centrípeta, serviu para aumentar o poderio econômico e político do governo central, até transformar os vínculos de igualdade em laços de subordinação. A própria absorção pelo governo federal das dívidas dos Estados-membros com credores particulares, que a princípio pareceu expediente de auxílio às entidades estaduais, acabou representando um instrumento a mais para caracterizar a submissão econômica e política dessas últimas perante a União, de tal sorte que o modelo estrutural do país, assim como está, dista de ser o de uma federação, aproximando-se mais de um Estado unitário, como fora, aliás, até a instauração da República e o advento da Constituição de 1891. A descentralização do poder central abriu espaço à autonomia das antigas províncias. Nada obstante, há bom tempo, sempre que se tornou necessária uma providência no setor do relacionamento entre os entes políticos, o caminho adotado foi o da *desconcentração*, em que as atribuições e os misteres públicos são transferidos sem caráter político-legislativo e, portanto, sem autonomia.

INCIDÊNCIA DO ICMS NAS OPERAÇÕES DE IMPORTAÇÃO

Ora, *federação* pressupõe *descentralização* e não *desconcentração*, de tal modo que uma análise realista e objetiva do Brasil contemporâneo aponta para um Estado de fisionomia unitária, conquanto o Estatuto Supremo mencione, enfaticamente, a adoção do modelo federativo. Mas a dependência econômica traz consigo a subordinação política, contingência que acarreta indisfarçável desnível no que concerne à participação das unidades "federadas" na formação da vontade nacional. A União, como pessoa de direito interno, indiferente às autonomias dos demais entes, impera de modo sobranceiro, não cumprindo sequer a missão de organizar as políticas de desenvolvimento regional, o que vem em prejuízo dos direitos e interesses dos Estados-membros e dos Municípios. Além disso, não se deu, na proporção adequada, o fortalecimento do Judiciário que é fator essencial para a manutenção do esquema federativo e, convenhamos, os dois outros poderes da República não atinaram ainda para aspecto tão relevante da missão jurisdicional que a Constituição proclama. Resultado: mesmo provocado para resolver os impasses criados com a *guerra fiscal*, o Supremo não tem conseguido obter, com eficácia, os resultados esperados pela sociedade.

Vê-se que a *guerra fiscal* é apenas um efeito do enorme desequilíbrio na articulação das instituições jurídicas do Brasil, nunca, um problema isolado, circunscrito a algumas causas facilmente diagnosticadas. Mas, torna-se difícil falar do ICMS sem aludir a esse fenômeno histórico tão presente e discutido nos dias de hoje. Algo, porém, pretendo repetir: o lado positivo dessa disputa vem estimulando os Estados no sentido de apurar seus instrumentos de ação econômica e administrativa, bem como aperfeiçoando os mecanismos de caráter jurídico, para acomodar as providências indispensáveis que o combate requer. E tal aprimoramento pressupõe pesquisa e análise detida das situações críticas, gerando textos normativos de alto nível técnico. Por isso mesmo creio ter-se desenvolvido um saudável esforço de conhecimento,

XIII

com a produção de intensa e especializada jurisprudência, ao lado de estudos profundos como este, por exemplo, elaborado por **Luciano Garcia Miguel**.

O trabalho do Autor é texto da mais elevada qualidade técnica e científica. Se bem que o título da obra seja "Incidência do ICMS nas Operações de Importação", a amplitude do trabalho é algo bem mais abrangente. Examina o tributo desde sua concepção no altiplano constitucional (capítulo 2), passando pelas leis complementares e resoluções do Senado, relacionadas à exação (capítulo 3); atos expedidos pelo Confaz e pelas legislações internas dos Estados e do Distrito Federal (capítulo 4); para chegar à incidência do ICMS nas operações de importação (capítulo 5) e tratar, ao final, dos benefícios fiscais e da "guerra fiscal" do ICMS nas operações de importação (capítulo 6).

De fato, a produção de textos sobre o imposto é significativa em termos de quantidade, mas são poucos aqueles que refletem um posicionamento mais firme, calcado em sólida formação de Teoria Geral do Direito. E esse é, precisamente, o caráter deste livro que apresento ao meio jurídico e acadêmico, bem assim à comunidade dos funcionários da Administração Pública federal, estadual e municipal.

Luciano Garcia Miguel distinguiu-se, desde os primeiros semestres do Programa de Pós-Graduação, como referência para alunos, seminaristas e professores do Curso, com ponderações agudas e procedentes, sempre fundamentadas com consistência e rigor. E a defesa de seu trabalho foi feita com argumentos que bem impressionaram aos examinadores, tanto assim que mereceu a nota máxima, outorgada, naturalmente, por unanimidade.

Se a tudo isso acrescentarmos o esmero com que o discurso foi sendo construído, que se reflete na clareza, precisão e correção do idioma utilizado pelo ilustre bacharel e respeitado especialista da Secretaria da Fazenda do Estado de São

Paulo, dar-me-ei por justificado ao dizer de minha satisfação em prefaciar este volume.

Estamos todos de parabéns pela categoria da obra e a Pontifícia Universidade Católica de São Paulo sente-se honrada em produzir mestre dessa categoria.

São Paulo, 03 de junho de 2013

Paulo de Barros Carvalho
Professor Emérito e Titular da PUC/SP e da USP

1

SISTEMA DE DIREITO

Não é possível conceber o direito apartado do conceito de sistema. As normas jurídicas somente ostentam essa qualidade quando, inseridas no ordenamento, se relacionam com outras normas, também jurídicas. É dessas relações que é tecido o sistema de direito.

1.1 O direito como objeto cultural

O direito é uma das grandes conquistas da humanidade. Atualmente, a ideia de que proibições, obrigações e permissões somente podem ser impostas ao homem se expressas em lei é tão arraigada em nossa sociedade que não nos apercebemos de como foi árduo o caminho para se chegar a essa fórmula.

Compra e venda, débito e crédito, obrigação e responsabilidade são mais antigos do que qualquer forma de organização social. Esses conceitos foram transpostos para os mais incipientes complexos sociais, razão pela qual a comunidade, em seus primórdios, mantém com seus membros a relação básica do credor com seus devedores.[1]

---

1. NIETZSCHE, Friedrich. *Genealogia da moral*. Uma polêmica. São Paulo: Companhia das Letras, 1998, p. 59.

O pensamento inovador de Nietzsche se contrapôs às teses contratualistas da origem do Estado, para afirmar, em síntese, que esse tipo de organização foi imposto por um grupo de pessoas que detinha o poder. Mas a dominação também conferiu vantagens aos subjugados, significou, sobretudo aos mais fracos, proteção contra os abusos e as hostilidades dos mais fortes.

Mas, essa proteção contra abusos e hostilidades dos inimigos teve um preço. Esse cuidado exigiu empenho e compromisso do indivíduo com a comunidade, momento em que nasceu também o conceito de tributo, que representa a ideia básica existente até hoje de subtração de uma parcela da riqueza individual para o custeio da comunidade.[2]

A obrigação assumida tem, por decorrência lógica, a responsabilidade pelo dano causado pelo seu inadimplemento. É difícil imaginar, nos dias atuais, a violência da reação das incipientes comunidades humanas face ao devedor que não adimpla suas obrigações. O dano imediato é que menos importava no caso. O devedor era considerado um criminoso, um subversivo, que deixava de cumprir suas obrigações não apenas com o seu credor, mas que colocava em risco a própria organização social.[3]

O devedor que não paga os adiantamentos que lhe foram concedidos será, então, não apenas privado desses benefícios e vantagens, mas também será lembrado do valor desses benefícios. A comunidade o devolve ao estado selvagem do qual ele, até então, estava protegido, e toda espécie de hostilidade poderá, dessa forma, se abater sobre ele. O castigo, nesse nível de costume, é igual ao comportamento perante o inimigo, em toda a sua dureza e crueldade.[4]

---

2. NIETZSCHE, Friedrich. *Genealogia da moral*. Uma polêmica. São Paulo: Companhia das Letras, 1998, p. 60.
3. Ibid., p. 61.
4. Ibid., loc. cit.

INCIDÊNCIA DO ICMS NAS OPERAÇÕES DE IMPORTAÇÃO

Com o aumento do poder da comunidade, os desvios do indivíduo deixam de representar perigo para a existência da organização social e passam a ser vistos como um problema que está circunscrito à relação com o seu credor. Embora o devedor inadimplente não fosse mais devolvido ao estado de natureza, nesta fase da história da humanidade os castigos para aquele que quebrava a sua palavra ainda eram terríveis. O devedor, para infundir confiança e seriedade na obrigação assumida, empenhava ao credor, como garantia, o seu corpo, sua família, sua liberdade ou sua vida. Como anota Nietzsche[5], o credor cuja dívida não foi paga "podia infligir ao corpo do devedor toda sorte de humilhações e torturas, por exemplo, cortar tanto quanto parecesse proporcional ao tamanho da dívida". O acerto com o credor com base na equivalência representava, na visão desse autor, um "convite e um direito à crueldade".

Historicamente, o direito representa a luta contra os sentimentos reativos. Foi com a instituição da lei, declaração imperativa do que é permitido, obrigatório ou proibido, que foram moldados os institutos obrigacionais, tais como conhecidos modernamente no direito ocidental. John Gilissen[6] sublinha a crescente importância que a legislação passou a desempenhar na época clássica do direito romano (do século II a.C. até o fim do século III d.C.).

Nos textos clássicos dos juristas romanos já é possível encontrar referências expressas à lei, como em Papinianus ("o direito civil é o que deriva das leis"), bem como com a constante preocupação consoante a equidade, como se lê em Justiniano ("o direito é a arte do bom e do equitativo") e em Ulpiniano ("a justiça é a vontade constante e perpétua de atribuir a cada um o seu").[7]

---

5. NIETZSCHE, Friedrich. *Genealogia da moral*. Uma polêmica. São Paulo: Companhia das Letras, 1998, p. 54.
6. GILISSEN, John. *Introdução histórica do direito*. Lisboa: Fundação Calouste Gulbenkian, 1979, p. 88.
7 Ibid., p. 96-98.

À medida que se afirma a autoridade do Estado, a vingança privada foi substituída pelo princípio de que a ninguém é lícito fazer justiça com as próprias mãos. Assim, o Estado passa não somente a editar normas jurídicas, mas também a aplicar a sanção em caso de descumprimento das normas editadas. Assume, dessa forma, o exercício da jurisdição.

1.2 Noção de sistema

Sistema é termo que comporta, ao menos, três significados distintos, segundo Nicola Abbagnano: (i) "uma totalidade dedutiva de discurso", (ii) "qualquer totalidade ou todo organizado" e (iii) "qualquer teoria científica ou filosófica, especialmente quando se quer ressaltar seu caráter escassamente empírico". Na filosofia, predomina a ideia de sistema na sua primeira acepção, ou seja, "um discurso que constitui um todo cujas partes derivam uma das outras".[8]

Kant subordinou a ideia de sistema à unidade do princípio que o fundamenta ("unidade de múltiplos conhecimentos, reunidos sob uma única ideia"), fixando o conceito de que ele "é um todo organizado finalisticamente, sendo portanto uma articulação (*articulatio*), e não um amontoado (*coacervatio*)".[9]

Nesta acepção base, pode o direito ser considerado um sistema? Segundo Paulo de Barros Carvalho, alguns autores negam a possibilidade de o direito positivo ser considerado como sistema, qualidade que deveria ser reservada somente à Ciência do Direito, que o organiza descritivamente. Contudo, o direito positivo, cuja finalidade é regular as condutas interpessoais, precisa ter um mínimo de racionalidade para ser

---

8. ABBAGNANO, Nicola. *Dicionário de filosofia*. 5. ed. São Paulo: Martins Fontes, 2007, s.v. *sistema*.
9. Ibid., loc. cit.

INCIDÊNCIA DO ICMS NAS OPERAÇÕES DE IMPORTAÇÃO

compreendido pelos seus destinatários, o que lhe garante a posição de sistema.[10]

Essa visão sistêmica do direito, sob a perspectiva histórica, é razoavelmente nova. Os filósofos iluministas foram os primeiros a ver no direito essa qualidade, e, desde então, as teorias se sofisticaram, evoluíram e continuam a evoluir, conforme se demonstrará nos tópicos seguintes.

1.3 Evolução da noção de sistema na filosofia do direito

Os iluministas foram os primeiros a pensar o direito como sistema.[11] Nas obras de Savigny, por exemplo, é possível constatar, desde o início, a preocupação em "compreender a totalidade das normas e dos institutos jurídicos subjacentes como um todo englobante".[12] Embora existam diferenças metodológicas entre suas principais obras (o *Curso de inverno*, de 1802-1803, apontamentos feitos por Jakob Grimm, e o *Sistema de direito romano atual*, de 1840), está sempre presente a ideia de que o todo do direito somente é reconhecido em um sistema.[13]

Essa noção fica mais clara ao se analisar o método de interpretação proposto por Savigny. Ao intérprete não cabe inovar a lei, mas apenas aplicá-la. A atividade interpretativa deve reconstruir o pensamento expresso na lei, utilizando-se,

---

10. CARVALHO, Paulo de Barros. *Curso de direito tributário*. 17. ed. São Paulo: Saraiva, 2005, p. 131-133.

11. A palavra *sistema* era desconhecida no período clássico da filosofia e somente se tornou usual no período romântico (ABBAGNANO, Nicola. *Dicionário de filosofia*. 5. ed. São Paulo: Martins Fontes, 2007, s.v. *sistema*). Dessa forma, é razoável supor que, antes desse período, o termo também era desconhecido na doutrina jurídica.

12. LARENZ, Karl. *Metodologia da Ciência do Direito*. 3. ed. Lisboa: Fundação Calouste Gulbenkian, 1997, p. 18.

13. Ibid., p. 9-11.

para tanto, de três elementos: o lógico, o gramatical e o histórico. Para que seja possível atingir o pensamento da lei, há que se levar em consideração as circunstâncias históricas que determinaram a sua edição (elemento histórico). Além disso, é necessário conhecer não somente o significado isolado de cada termo (elemento gramatical), mas qual o significado que cada termo ostenta no conjunto normativo (elemento lógico), pois "a legislação só se exprime ao nível de um todo".[14]

Kelsen parte da separação fundamental dos planos do ser e do dever-ser na fundamentação da autonomia metodológica da Ciência do Direito. Ela nada tem a ver com a conduta do homem, mas com o que está prescrito juridicamente. Não é, portanto, uma ciência de fatos, mas uma ciência de normas; "o seu objeto não é o que é ou que acontece, mas sim um complexo de normas."[15]

A "teoria pura do Direito" é, por essa razão, considerada como uma "teoria do direito positivo". Não se preocupa com o conteúdo das normas jurídicas, mas com as suas estruturas lógicas. Kelsen acentua que uma norma jurídica não vale pelo seu conteúdo, mas porque foi produzida seguindo uma forma determinada pelo próprio ordenamento jurídico, que encontra sua legitimidade, em último termo, em uma norma fundamental, que pressupõe a própria ordem jurídica.[16]

A teoria kelseniana busca responder à questão básica da ordem jurídica, ou seja, o que justifica que as relações interpessoais sejam regidas por normas que permitam, proíbam ou obrigam determinado comportamento?

Segundo Kelsen, uma norma jurídica, no nível mais concreto do ordenamento, tem como fundamento uma norma

---

14. LARENZ, Karl. *Metodologia da Ciência do Direito*. 3. ed. Lisboa: Fundação Calouste Gulbenkian, 1997, p. 10-11.
15. Ibid., p. 92-93.
16. Ibid., p. 97.

INCIDÊNCIA DO ICMS NAS OPERAÇÕES DE IMPORTAÇÃO

de superior hierarquia, que, por sua vez, também é fundamentada em outra norma de nível superior. A validade de todas as normas está justamente no fato de todas poderem ser reconduzidas a uma única norma, que dá coerência e unidade ao ordenamento jurídico. Esta norma suprema é a "norma fundamental" da ordem jurídica; ela somente implica a legitimidade de uma autoridade para criar normas ou regras de como devem ser produzidas as normas que compõem o ordenamento.

Por constituir o último fundamento de validade de uma ordem jurídica positiva, não pode ser estabelecida por uma autoridade, uma vez que sua competência teria que estar fundamentada em uma norma ainda mais elevada. "Não é, portanto, uma norma posta, mas uma norma necessariamente pressuposta pela Ciência do Direito, a fim de poder interpretar como uma ordem jurídica o material normativo que se lhe oferece."[17]

Para Kelsen, o "dever-ser" jurídico não é pautado por conteúdos éticos. O direito é concebido como uma ordem coercitiva e, dessa forma, um indivíduo tem o dever de se conduzir de determinada forma quando há uma prescrição neste sentido pela ordem social. Assim, qualificação de uma conduta como ilícita, ou seja, a sua reprovabilidade, não decorre de critérios que transcendem o direito positivo, mas tão somente porque coincide com a condição posta pela ordem jurídica para uma sanção.[18]

Dada a importância do positivismo kelseniano para a evolução da Ciência do Direito, surgiram muitas propostas teóricas na tentativa de superar o seu pensamento. Um dos pontos mais combatidos em sua teoria é a concepção de uma

---

17. LARENZ, Karl. *Metodologia da Ciência do Direito*. 3. ed. Lisboa: Fundação Calouste Gulbenkian, 1997, p. 98-99.
18. KELSEN, Hans. *Teoria pura do direito*. São Paulo: Martins Fontes, 1991, p. 128.

ordem jurídica sem conteúdo axiológico. Engisch demonstrou que não é possível conceber um sistema de direito rigorosamente axiomático, do tipo utilizado pelas ciências naturais, que exige um número fechado de conceitos, ou axiomas, logicamente compatíveis entre si. A tentativa de reconduzir o conjunto dos conceitos jurídicos a alguns conceitos fundamentais, que poderiam fazer a vez de axiomas, resultaria em conceitos puramente formais que não possibilitariam nenhum juízo sobre o seu conteúdo. Não obstante, a impossibilidade da utilização do método dedutivo-axiomático não invalida a conclusão de que a ideia sistema é imprescindível para uma verdadeira ordem jurídica.[19]

Canaris acentua que o direito, por estar impregnado de valores, impossibilita ser concebido como um sistema de conceitos puramente formais isento de contradições. Enquanto ordem axiológica, é um sistema de princípios que, sem pretender reger com exclusividade, pode entrar em oposição ou contradição. São pautas abertas, sem aplicação imediata, mas cujo sentido é explicitado nas concretizações. Não são verdades imutáveis, estáticas na história, mas ligados à consciência jurídica de uma determinada cultura. São eles, os princípios, que garantem a unidade e a coerência do sistema jurídico.[20]

A doutrina tem persistido em enquadrar o direito numa teoria dos sistemas, tendo-a evoluído e sofisticado.[21] Contudo, dentre as diversas correntes, sem pretender estabelecer uma posição hegemônica, assumem grande importância no cenário jurídico moderno aquelas que veem o direito como um grande fato comunicacional.

Situa-se, como é evidente, no marco da filosofia da

---

19. LARENZ, Karl. *Metodologia da Ciência do Direito*. 3. ed. Lisboa: Fundação Calouste Gulbenkian, 1997, p. 231.
20. Ibid., p. 234 et seq.
21. Sobre o tema, cf. LARENZ (ibid., p. 230-241).

linguagem, que passou a dominar o cenário no século passado, tendo como precursores os pensadores do Círculo de Viena. Também conhecida como Neopositivismo Lógico, essa corrente de pensamento se formou na segunda década do século XX em Viena, a partir de reuniões sistemáticas lideradas por Moritz Schlick, que possibilitou uma série de conclusões aptas à formulação de uma Epistemologia geral.[22]

Além da redução do campo da Filosofia da Ciência, reduziram a Epistemologia à Semiótica, entendida como uma teoria geral dos signos, que abrange todo o sistema de comunicação. Essas duas reduções explicam a importância essencial atribuída à linguagem como instrumento por excelência do saber científico e como modelo de controle dos conhecimentos por ela produzidos.[23]

Para tanto, foi idealizada a necessidade da elaboração de uma linguagem artificial, apta a traduzir os anseios cognoscitivos do ser humano, substituindo os vocábulos imprecisos da linguagem natural por vocábulos novos. Da sua concepção científica do mundo decorrem dois atributos essenciais dessa corrente de pensamento: o empirismo e a utilização do método e da análise lógica da linguagem como instrumento sistemático da reflexão filosófica. Desses dois atributos decorre a denominação, como ficaram conhecidos os adeptos desse movimento.[24]

Quanto a Wittgenstein, embora haja divergência sobre a sua identificação com o Neopositivismo Lógico, é notória a sua influência sobre o pensamento dos integrantes desse movimento. O seu primeiro livro, *Tractatus logico-philosophicus*

---

22. CARVALHO, Paulo de Barros. *Direito tributário, linguagem e método*. São Paulo: Noeses, 2008, p. 20-30.
23. Ibid., loc. cit.
24. Ibid., loc. cit.

("os limites da linguagem são os limites do meu mundo"), deu origem à filosofia da linguagem, que passou a orientar o pensamento humano desde então.[25]

Essa ideia é compartilhada, atualmente, por pensadores como Vilém Flusser, que afirma que a realidade dos dados brutos somente pode ser apreendida e compreendida por nós em forma de língua.[26] Como observa Paulo de Barros Carvalho, Flusser, fortemente influenciado por Wittgenstein e por Husserl, captou a língua como elemento vivo, capaz de transformar o caos dos dados imediatos no cosmo das palavras preenchidas de sentido.[27]

A discussão sobre a existência ou não da realidade em si é deixada à parte, aceitando-se a afirmação de que a língua é o dado bruto por excelência, e suas regras devem ser aceitas como a estrutura da realidade. A realidade, portanto, somente é apreendida e compreendida quando esses dados brutos são transformados em palavras.[28]

A compreensão, o conhecimento, científico ou não, é impossível de expressão se não estiver vertido em linguagem, e o direito, obviamente, não foge a essa constatação. De acordo com Gregorio Robles, "a teoria comunicacional concebe o direito como um sistema de comunicação cuja função pragmática é organizar a convivência humana". Mas o termo *sistema* é reservado, por esse autor, ao resultado descritivo elaborado pela Ciência do Direito sobre o ordenamento, ou "o texto jurídico exatamente como produzido pelas autoridades".[29]

---

25. CARVALHO, Paulo de Barros. *Direito tributário, linguagem e método*. São Paulo: Noeses, 2008, p. 20-30.
26. FLUSSER, Vilém. *Língua e realidade*. 3. ed. São Paulo: Annablume, 2007, p. 40.
27. CARVALHO, op. cit., p. 170.
28. FLUSSER, op. cit., p. 39-46.
29. ROBLES, Gregorio. *O direito como texto*. Quatro estudos da teoria comunicacional do direito. São Paulo: Manole, 2005, p. 1 et seq.

INCIDÊNCIA DO ICMS NAS OPERAÇÕES DE IMPORTAÇÃO

Não concordamos com essa ideia. Como aponta Tácio Lacerda Gama, tal entendimento toma por pressuposto que somente haveria racionalidade e sistematicidade no sistema produzido pela Ciência do Direito, o que não é correto, pois "tanto no chamado sistema, que é domínio da Ciência do Direito, quanto no direito positivo, que é o campo do ordenamento jurídico, [...] há esquemas racionais que determinam como se dá a relação entre as proposições".[30]

Direito positivo, conjunto de normas jurídicas válidas num determinado país, está vertido em uma camada de linguagem que se volta para a disciplina das relações intersubjetivas, uma vez que as regras do direito têm por finalidade organizar as condutas das pessoas, umas com relação às outras. Dessa forma, o direito positivo é uma linguagem prescritiva.[31]

As unidades do sistema do direito positivo são as normas jurídicas que se despregam dos textos e se interligam mediante vínculos horizontais (relações de coordenação) e verticais (relações de hierarquia). A ordenação jurídica é una e indecomponível, uma vez que seus elementos (as unidades normativas) "se acham irremediavelmente entrelaçados pelos vínculos de hierarquia e pelas relações de coordenação".[32] Dessa forma, qualquer tentativa de conhecer as regras jurídicas de maneira isolada equivale a ignorá-las enquanto sistema de proposições jurídicas. É por essa razão que o direito somente pode ser separado em ramos para fins didáticos.

Se o direito positivo é o conjunto de normas jurídicas válidas num determinado país, cabe à Ciência do Direito

---

30. GAMA, Tácio Lacerda. *Norma de competência tributária* – e a visão dialógica sobre os atributos de unidade, coerência e consistência do sistema jurídico. *RDT*. São Paulo: Malheiros, n. 105, 2001, p. 64.
31. CARVALHO, Paulo de Barros. *Curso de direito tributário*. 17. ed. São Paulo: Saraiva, 2005, p. 2.
32. Ibid., p. 10.

descrever esse enredo normativo, ordenando-o, exibindo as formas lógicas que governam as unidades do sistema e oferecendo seus conteúdos de significação. A Ciência do Direito tem por objeto esse feixe de proposições jurídicas, sendo que o produto de seu trabalho terá caráter descritivo, de como são as normas, de que modo se relacionam, que tipos de estrutura constroem e como regulam a conduta intersubjetiva.[33]

A unidade do direito importa, dessa forma, na necessidade de afastar a interpretação das normas jurídicas de forma isolada. Nesse caso, é imperioso que essas normas sejam analisadas tendo por pressuposto o cânone da unidade do sistema jurídico, cabendo ao intérprete delimitar como essas normas se relacionam e como devem ser aplicadas nos casos concretos.

1.4 Fontes do direito

Se o sistema de direito é o conjunto de normas jurídicas válidas num determinado país, vertido em uma camada de linguagem prescritiva, resta analisar como essas normas são inseridas no sistema.

Paulo de Barros Carvalho observa que toda norma jurídica ingressa no sistema de direito positivo pela introdução de outra norma jurídica, ou seja, no ordenamento jurídico, há normas introdutoras e normas introduzidas. Fontes do direito são, portanto, os órgãos habilitados pelo sistema para produzir normas jurídicas que introduzam no ordenamento outras normas.[34]

O fundamento de validade de uma prescrição jurídica está assentado na legitimidade do órgão que a expediu e no

---

33. CARVALHO, Paulo de Barros. *Curso de direito tributário*. 17. ed. São Paulo: Saraiva, 2005, p. 2.
34. Ibid., p. 47-53.

INCIDÊNCIA DO ICMS NAS OPERAÇÕES DE IMPORTAÇÃO

procedimento empregado na sua produção. Nesse quadro, as fontes do direito positivo (os órgãos habilitados pelo sistema) aparecem como uma estrutura disposta hierarquicamente, tendo como fonte superior a assembleia constituinte e, abaixo, os demais órgãos produtores de normas.[35]

O direito não tem apenas essa perspectiva factual, razão pela qual é necessário imaginar outra estrutura piramidal, formada pela hierarquia dos veículos introdutores de normas jurídicas e normas jurídicas introduzidas, ordenadas e classificadas pela referência aos respectivos veículos introdutores.[36]

O sistema de normas jurídicas (introdutoras e introduzidas) corresponde ao direito posto, e "o conjunto de fatos sociais aos quais a ordem jurídica atribuiu teor de juridicidade, se tomados na qualidade de enunciação e não como enunciados, estarão formando o território das fontes do direito posto".[37]

Focar o estudo das fontes do direito no exame dos fatos, enquanto enunciação que cria regras jurídicas introdutoras no ordenamento, evita a concepção tautológica desse tema, uma vez que muitos autores a tomam como o resultado da atividade dos órgãos legiferantes (leis, jurisprudência, atos administrativos).[38]

Este mesmo problema pode ocorrer na dicotomia que a doutrina faz entre fontes formais e fontes materiais do direito. As primeiras são as fórmulas que a ordem jurídica estipula para introduzir regras no sistema, e as segundas se referem aos fatos da realidade social que têm o condão de produzir novas proposições prescritivas para integrar o direito posto.[39]

---

35. CARVALHO, Paulo de Barros. *Curso de direito tributário*. 17. ed. São Paulo: Saraiva, 2005, p. 47-53.
36. Ibid., loc. cit.
37. Ibid., loc. cit.
38. Ibid., loc. cit.
39. Ibid., loc. cit.

Para o autor, fontes materiais do direito se referem ao exame do processo de enunciação dos fatos jurídicos e correspondem à teoria dos fatos jurídicos, enquanto as fontes formais correspondem à teoria das normas jurídicas (mais especificamente aquelas que são veículos introdutores de outras normas jurídicas).[40]

---

40. CARVALHO, Paulo de Barros. *Curso de direito tributário*. 17. ed. São Paulo: Saraiva, 2005, p. 47-53.

2

PERFIL CONSTITUCIONAL DO ICMS

Como foi demonstrado no capítulo anterior, "se o direito é, antes de tudo, um sistema de enunciados prescritivos que se projetam sobre a região material das condutas, disciplinando-as nas suas relações de intersubjetividade, somente como sistema poderá ser compreendido".[41]

Essas normas buscam seu fundamento de validade em outras, que lhes são hierarquicamente superiores, em patamares cada vez mais elevados, até atingir o altiplano das normas constitucionais. É a Constituição, portanto, que dá coerência e unidade a todo o ordenamento jurídico.

Por essa razão, iniciamos a análise do ICMS pela sua disciplina constitucional.

O ICMS é um imposto de caráter nacional, como irá se demonstrar. Contudo, como a competência para sua instituição não é do governo central, mas dos governos estaduais, há um ingente esforço no ordenamento para uniformizar a sua

---

41. CARVALHO, Paulo de Barros. "Guerra fiscal" e o princípio da não-cumulatividade no ICMS. *RDT*, São Paulo: Malheiros, n. 95, 2006, p. 8.

incidência. Não é possível analisar o ICMS, sob qualquer de seus aspectos, sem ter em mente esse primado. É por essa razão que o seu estudo deve se iniciar pela forma peculiar, como é disciplinado na Constituição, ou seja, como foi traçado o seu perfil pelo legislador constitucional.

Do ponto de vista jurídico, o ICMS é um imposto que incide sobre operações relativas à circulação de mercadorias e prestações de serviços de comunicação e de transporte interestadual e intermunicipal, podendo ser seletivo em função da essencialidade das mercadorias, sendo que a competência para instituí-lo foi outorgada pela Constituição Federal de 1988 aos Estados e ao Distrito Federal (art. 155, II).

Em uma primeira aproximação, podemos definir as seguintes características básicas desse tributo, que determinam o seu perfil constitucional, e sobre as quais iremos dispor de maneira breve nesse capítulo: (i) incide sobre operações relativas à circulação de mercadorias e sobre as prestações de serviços de comunicação e de transporte intermunicipal e interestadual; (ii) não-cumulativo; (iii) de competência dos Estados e do Distrito Federal; (iv) incide nas operações interestaduais.

2.1 Operações relativas à circulação de mercadorias e prestações de serviços de comunicação e de transporte interestadual e intermunicipal

Ao utilizarmos a linguagem de maneira natural, é comum nos referirmos à incidência de um determinado imposto sobre um bem ou serviço específico. É nesse sentido que nos referimos, por exemplo, à isenção do ICMS sobre a carne ou a alíquota deste imposto sobre os refrigerantes.

Contudo, em um discurso científico, é necessário um rigor mais acurado. O ICMS, como os demais impostos que gravam a cadeia de consumo de bens e serviços, não incide propriamente sobre o bem ou serviço, mas sobre as operações com bens e prestações de serviços.

Essas operações e prestações podem ser tributadas basicamente de duas maneiras distintas: o tributo pode incidir sobre uma grande gama de operações ou prestações (tributação genérica); ou incidir somente sobre algumas espécies previamente determinadas (tributação específica).

Na primeira hipótese, utilizam-se usualmente impostos que se convencionou denominar de Impostos sobre Valor Agregado – IVA[42]. A propagação desse tipo de imposto, implementado por aproximadamente cento e cinquenta países, tem sido considerada o mais importante desenvolvimento em tributação nos últimos cinquenta anos.[43]

Como a base de incidência desse tipo de tributo é ampla, resolve-se com certa facilidade a distinção cada vez menos aparente entre bens e serviços. Para esse tipo de imposto, essa distinção não é relevante, uma vez que incide sobre ambos.

O Brasil adotou uma solução diversa para o seu principal imposto, que atinge a cadeia de consumo de bens e serviços. Não tributou os bens e serviços de forma ampla, mas também não utilizou a técnica de tributar itens específicos da cadeia. De fato, o ICMS atinge todas as operações com mercadorias, o que exclui todos os bens que não podem ser qualificados como tais. Além disso, até o advento da atual Constituição, não incidia sobre nenhum tipo de serviço, cuja tributação era reservada ao ISS.

---

42. Value Added Tax – VAT, Goods and Services Tax – GST.
43. OECD – Organization for Economic Co-operation and Development. Disponível em: <http://www.oecd.org/topic/0,3699,en_2649_33739_1_1_1_1_37427,00. html >. Acesso em: 10 jan. 2011.

LUCIANO GARCIA MIGUEL

O constituinte de 1988 alterou a base de incidência do antigo ICM, agregando à sua base as prestações de serviço de comunicação e de transporte interestadual e intermunicipal, bem como as operações com energia elétrica e combustíveis, sendo que essas últimas estavam, até então, sob a competência tributária da União.

Atualmente, portanto, temos o ICMS, que incide sobre operações relativas à circulação de mercadorias e prestações de serviços de comunicação de transporte interestadual e intermunicipal. Os demais serviços são tributados pelo ISS.

Roque Antonio Carrazza pondera que a sigla ICMS alberga, pelo menos, três impostos diferentes: (i) imposto relativo à circulação de mercadorias; (ii) imposto sobre prestações de serviços de transporte interestadual e intermunicipal; e (iii) imposto sobre prestações de serviços de comunicação. São hipóteses de incidência distintas, como distintas são as suas bases de cálculo.[44]

O autor frisa que o ICMS, na primeira hipótese, não incide sobre mercadorias, mas sobre operações relativas à circulação de mercadorias. Com amparo no pensamento de expressiva corrente doutrinária, esclarece que essa circulação é a jurídica, e não a mera circulação física. Em outras palavras, a operação que "pressupõe a transferência, evidentemente de uma pessoa a outra e pelos meios adequados, da titularidade de mercadoria, vale dizer, dos poderes jurídicos de disponibilidade sobre ela".[45]

Outro ponto a ser considerado é que a Constituição restringiu o objeto dessa circulação à mercadoria que entendemos ser uma espécie do gênero *bem*. Bem, em sentido jurídico, é conceito do direito privado e, assim como merca-

---

44. CARRAZZA, Roque Antonio. *Reflexões sobre a obrigação tributária*. São Paulo: Noeses, 2010, p. 91-92.
45. Ibid., p. 93.

doria, serviço, renda, e tantos outros, é utilizado pelo legislador constitucional na tarefa de repartição de competências tributárias.

O significado do termo *bem* não tem consenso na doutrina civilista. Embora seja termo plurívoco, optamos por entender por bem tudo aquilo que, por interessar ao homem, seja passível de tutela jurídica. Em sua acepção básica, portanto, deve ser considerada "a ideia de utilidade e raridade que lhe é própria e que nem todas as coisas possuem".[46]

Mercadoria é espécie do gênero bem, pois estão incluídos nesta classe apenas os móveis e corpóreos. Em outras palavras, os bens imóveis e os incorpóreos não podem ser considerados mercadorias. Além desses dois elementos intrínsecos (mobilidade e corporalidade), agrega-se outro, extrínseco, que é a necessidade de ser objeto de uma atividade mercantil, de venda ou revenda:

> Portanto, toda mercadoria é bem móvel corpóreo (bem material), mas nem todo bem móvel corpóreo é mercadoria. Apenas o bem corpóreo móvel preordenado à prática de operações mercantis é que assume a qualidade de mercadoria. Em suma, a qualidade distintiva entre bem móvel corpóreo (gênero) e mercadoria (espécie) é extrínseca, consubstanciando-se no propósito de destinação comercial.[47]

A incidência do ICMS sobre a circulação de mercadorias é, por assim dizer, a vocação natural desse imposto. As prestações de serviços de comunicação e de transporte interestadual e intermunicipal acrescentados à sua base de

---

46. NERY JUNIOR, Nelson; NERY, Rosa Maria de Andrade. *Código civil anotado e legislação extravagante*. 2. ed. São Paulo: RT, 2003, p. 185.
47. CARRAZZA, Roque Antonio. *Reflexões sobre a obrigação tributária*. São Paulo: Noeses, 2010, p. 95.

incidência guardam pouca relação com o seu perfil inicial. Na verdade, ficamos a meio caminho de um IVA abrangente e do restrito imposto sobre circulação de mercadorias.

As demais prestações de serviços são tributadas pelo ISS. Infelizmente, a dicotomia entre operação com mercadoria e prestação de serviço nem sempre é tão clara quanto pode parecer à primeira vista. Os critérios usualmente aceitos para dirimir a dúvida sobre a incidência dessas duas figuras tributárias nem sempre têm sido suficientes para a construção de uma interpretação segura.

Geralmente, os problemas fronteiriços surgem nas hipóteses em que as prestações de serviços se traduzem em utilidades materiais. Podemos citar como exemplos clássicos, o portão feito sob encomenda de um serralheiro ou a estante de livros feita pelo marceneiro. A doutrina, nessas hipóteses, se inclina pela incidência do ISS, cuja materialidade se circunscreve em uma obrigação de fazer, enquanto o ICMS estaria vinculado a uma obrigação de dar. Como o dar supõe algo que já existe, a entrega de algo novo está mais afeita a uma prestação de serviços, a um fazer.[48]

O problema se agrava nas hipóteses em que o ISS incide no meio da cadeia produtiva. Em um primeiro momento, parece ser interessante, do ponto de vista do contribuinte, que algumas atividades sejam tributadas pelo ISS, imposto com alíquotas mais baixas que o ICMS. Contudo, como se trata de um imposto cumulativo, o valor recolhido não é admitido como crédito nas etapas seguintes da produção, o que termina por encarecer o custo de produção.

Finalmente, há que se considerar que algumas atividades,

---

48. DERZI, Misabel Abreu Machado. Notas. In: BALEEIRO, Aliomar. *Direito Tributário Brasileiro*. 11. ed. Rio de Janeiro: Forense, 2010, p. 491 e CARRAZZA, Roque Antonio. *Reflexões sobre a obrigação tributária*. São Paulo: Noeses, 2010, p. 111.

INCIDÊNCIA DO ICMS NAS OPERAÇÕES DE IMPORTAÇÃO

como a locação de bens móveis e a venda de bens imóveis não se submetem nem à tributação do ICMS nem do ISS.[49]

Enfim, com todos os problemas que são apontados, já em seu núcleo material, o ICMS ainda é o imposto mais representativo do Brasil, considerados os valores arrecadados.

2.2 Princípio da não-cumulatividade

Por expressa determinação constitucional o ICMS é não-cumulativo, o que importa dizer que será compensado "o que for devido em cada operação relativa à circulação de mercadorias ou prestação de serviços com o montante cobrado nas anteriores pelo mesmo ou outro Estado ou pelo Distrito Federal" (art. 155, § 2º, I).

Alcides Jorge Costa, em clássica lição, afirmou que o direito à compensação independe do recolhimento do imposto devido na operação ou prestação anterior.[50] O que se exige é que a operação ou prestação tenha efetivamente ocorrido e que o ICMS tenha sido destacado no documento fiscal. Caso o remetente da mercadoria, ou o prestador do serviço, não recolha o ICMS devido, tal fato não desnatura o direito do adquirente de se apropriar do crédito destacado, uma vez que esse imposto integra o custo da mercadoria ou do serviço, objeto da operação de circulação ou da prestação.

No Brasil, a não-cumulatividade está consagrada como princípio constitucional, no entender de Misabel de Abreu

---

49. São hipóteses que foram denominadas de "vácuos de incidência", nas discussões sobre a reforma tributária nas reuniões do CONFAZ.

50. COSTA, Alcides Jorge. *ICM na Constituição e na lei complementar*. São Paulo: Resenha tributária, 1979, p. 156. No mesmo sentido: CARRAZZA, Roque Antonio. *ICMS*. 11. ed. São Paulo: Malheiros, 2006, p. 322 e MELO, José Eduardo Soares de. *ICMS teoria e prática*. 9. ed. São Paulo: Dialética, 2006, p. 276.

Machado Derzi[51], cujo pensamento também é compartilhado por Roque Antonio Carrazza[52], José Eduardo Soares de Melo[53] e André Mendes Moreira.[54]

Mas o que significa dizer que a não-cumulatividade é um princípio? A teoria geral do direito trata desse tema com grande diversidade de posições doutrinárias, mas, de uma maneira geral, costuma-se designar por norma-princípio uma espécie de norma jurídica que, contraposta à norma--regra, está mais fortemente carregada axiologicamente e apresenta um alto grau de abstração (destina-se a um número indeterminado de situações) e generalidade (dirige-se a um número indeterminado de pessoas). A aplicação dos princípios, em razão das mencionadas características, exige um elevado grau de subjetividade pelo intérprete, ao passo que as regras, por denotarem pouco ou nenhum grau de abstração e generalidade, é realizada com pouca ou nenhuma subjetividade.[55]

Humberto Ávila considera insustentável a distinção entre essas duas espécies normativas com base nesses critérios. Sustenta que "toda norma, porque veiculada por linguagem, é, em alguma medida, indeterminada, descabendo, por isso, fazer uma distinção entre as espécies normativas com base em algo que é comum a todas elas – a indeterminação". Também não considerar possível distinguir princípios e regras pelo conteúdo valorativo, dado que "toda norma, porque

---

51. DERZI, Misabel Abreu Machado. Notas. In: BALEEIRO, Aliomar. *Direito Tributário Brasileiro*. 11. ed. Rio de Janeiro: Forense, 2010, p. 420.

52. CARRAZZA, Roque Antonio. *ICMS*. 11. ed. São Paulo: Malheiros, 2006, p. 302 et seq.

53. MELO, José Eduardo Soares de. *ICMS teoria e prática*. 9. ed. São Paulo: Dialética, 2006, p. 230 et seq.

54. MOREIRA, André Mendes. *A não-cumulatividade dos tributos*. São Paulo: Noeses, 2010, p. 235 et seq.

55. ÁVILA, Humberto. *Teoria dos princípios*. 6. ed. São Paulo: Malheiros, 2006, p. 84-85.

INCIDÊNCIA DO ICMS NAS OPERAÇÕES DE IMPORTAÇÃO

destinada a atingir determinada finalidade, serve de meio para a realização de valores".[56]

Não há, certamente, como considerar a existência de normas jurídicas independente de valores. Também os enunciados, todos eles partes constitutivas das formulações proposicionais, disciplinadoras de condutas intersubjetivas, são carregados de valores. O direito é fruto da cultura humana, dirigido finalisticamente para regular as relações interpessoais. É, portanto, produto histórico-cultural, condicionado aos valores culturais de uma determinada época e sociedade.[57]

Mas há normas, que se convencionou denominar como princípios, que são mais carregadas axiologicamente que outras, chamadas de regras, pois exprimem valores basilares em um determinado momento e em uma determinada sociedade:

> Os princípios ético-jurídicos são pautas orientadoras da normação jurídica que, em virtude da sua própria convicção, podem "justificar" decisões jurídicas. [...] por esse motivo, podem ser entendidos como manifestações e especificações especiais da ideia de Direito, tal como esta se revela na "consciência jurídica geral", neste estádio da evolução histórica.[58]

O alto grau de abstração da linguagem em que os princípios são vazados impossibilita a sua aplicação direta aos casos concretos, mas a sua influência na interpretação do direito é de suma importância. Os princípios atuam como ideias diretivas, vetores interpretativos que orientam a interpretação, de modo a dar conexão e sentido ao ordenamento jurídico.[59]

---

56. ÁVILA, Humberto. *Teoria dos princípios*. 6. ed. São Paulo: Malheiros, 2006, p. 85.

57. LARENZ, Karl. *La filosofía contemporánea del derecho y del Estado*. Madrid: Editorial Revista de Derecho Privado, 1942, p. 181.

58. Id. *Metodologia da Ciência do Direito*. 3. ed. Lisboa: Fundação Calouste Gulbenkian, 1997, p. 599.

59. Ibid., loc. cit.

Roque Antonio Carrazza enfatiza que a noção de sistema é fundamental para a compreensão dos princípios jurídicos. São eles, com seu efeito aglutinante, "que indicam como devem aplicar-se as normas jurídicas, isto é, que alcance lhes dar, como combiná-las e quando outorgar precedência a algumas delas".[60]

Em suma, o conjunto de todas as normas jurídicas válidas, num determinado intervalo de tempo e sobre específico espaço territorial, são inter-relacionadas de forma sistêmica não apenas do ponto de vista sintático, mas também semântico. Embora os princípios possam ser encontrados em todos os escalões do direito[61], é certo que aqueles que estão insculpidos na Constituição exercem um papel fundamental para a coerência da ordem jurídica.

Além de ser norma jurídica de posição privilegiada e portadora de valor expressivo, o princípio também pode ser entendido como norma que estipula limites objetivos. Ao lidar com valores, o intérprete, necessariamente, ingressará no mundo das subjetividades, o que torna a análise dependente da ideologia do sujeito cognoscente. O mesmo não ocorre com os limites objetivos, sendo, nesse caso, muito mais fácil a construção do sentido dos enunciados. Contudo, deve-se atentar que, embora os limites objetivos não sejam valores, eles são postos para atingir determinadas finalidades, que, por sua vez, estão impregnadas de valor.[62]

É no sentido de limite objetivo que Paulo de Barros Carvalho trata o princípio da não-cumulatividade. Em outras palavras, ele não é, em si, um valor, mas uma técnica de tributação que tem por objetivo a realização de certos valores, como o

---

60. CARRAZZA, Roque Antonio. *Curso de direito constitucional tributário*. 22. ed. São Paulo: Malheiros, 2006, p. 46.
61. LARENZ, Karl. *Metodologia da Ciência do Direito*. 3. ed. Lisboa: Fundação Calouste Gulbenkian, 1997, p. 599.
62. CARVALHO, Paulo de Barros. *Curso de direito tributário*. 17. ed. São Paulo: Saraiva, 2005, p. 144-147.

INCIDÊNCIA DO ICMS NAS OPERAÇÕES DE IMPORTAÇÃO

da justiça da tributação, o do respeito à capacidade contributiva e o da uniformidade na distribuição da carga tributária.[63]

A não-cumulatividade pode ser considerada como uma técnica que distribui os efeitos da carga tributária entre o conjunto de indivíduos que participam do processo da circulação da mercadoria, do início do ciclo de produção ou importação até o seu consumo final.

Além disso, os tributos não-cumulativos tendem a onerar igualmente cadeias produtivas independentemente da existência de operações interestaduais. Isso significa que o gravame tributário será neutro a respeito das decisões sobre a alocação de recursos produtivos, obviamente não considerando benefícios ou incentivos fiscais.

Some-se a isso, ainda, a eficiência econômica dessa modalidade de tributos, uma vez que estimula a prática de margens de menores e torna mais competitivas as exportações, uma vez que facilita a dedução da carga tributária nessas operações.

Paulo de Barros Carvalho elucida que na incidência tributária dos impostos não-cumulativos sobre uma determinada operação ou prestação, concorre, além da regra-matriz de incidência, a regra que confere o direito de abatimento do valor pago na operação anterior:

> Elucidando por meio de exemplos, observa-se que, numa mesma ocorrência do mundo físico-social (venda de mercadorias ou prestação de serviços de transporte interestadual ou municipal ou de comunicação), abriu-se espaço para o impacto de duas normas jurídicas distintas: a da regra-matriz de incidência do ICMS e a da regra que estipula o direito de reembolso pelo valor pago nas operações realizadas.[64]

---

63. CARVALHO, Paulo de Barros. *Direito tributário, linguagem e método*. São Paulo: Noeses, 2008, p. 297.
64. Ibid., p. 299.

A única exceção expressa na Constituição diz respeito às operações ou prestações beneficiadas pela isenção ou não-incidência que, salvo determinação em contrário da legislação, (i) "não implicará crédito para compensação com o montante devido nas operações ou prestações seguintes" e (ii) "acarretará a anulação do crédito relativo às operações anteriores" (art. 155, § 2º, II).

Essa regra contém dois mandamentos, que devem ser observados pelo adquirente ou tomador e pelo remetente ou prestador da mercadoria ou serviço. Ou seja:

(i) proíbe o adquirente ou o tomador de escriturar créditos relativos a operações e prestações isentas ou não tributadas;

(ii) obriga o remetente ou prestador a estornar o crédito relativo às operações e prestações anteriores às isentas ou não tributadas.

Para ilustrar o comando constitucional, tomemos como exemplo o industrial que adquire matéria-prima e insumos tributados pelo ICMS, mas produz mercadorias cuja operação é isenta do imposto. Nesse caso, quando vender o produto por ele industrializado, deverá estornar os créditos de ICMS relativos à matéria-prima e aos insumos utilizados na produção (caso tenha escriturado o crédito). Por sua vez, o adquirente não poderá se creditar do imposto (que não está destacado no documento fiscal).

Em algumas hipóteses a aplicação da regra constitucional implicará na majoração da carga tributária que ocorreria caso a operação ou a prestação não fosse isenta ou tributada. É o que ocorre se a isenção ou não-incidência ocorrer na fase intermediária da cadeia de circulação ou prestação de serviços.

Tercio Sampaio Ferraz Junior entende que a aplicação das regras da anulação e do impedimento do crédito somente é possível nos casos em que a isenção e a não-incidência ocorrem no início ou no fim do ciclo de produção. Na hipótese de a isenção ou não-incidência ocorrer no meio do ciclo, "o crédito só deixará de ser compensado, devendo ser anulado, apenas no que diz respeito às operações imediatamente posteriores e anteriores, não valendo para as subsequentes, sob pena de ser provocarem extensos e perversos efeitos cumulativos".[65]

Embora comunguemos com a opinião de que a anulação dos créditos relativos às operações anteriores gera um aumento da carga tributária na hipótese de a isenção ou não-incidência ocorrer no meio da cadeia de circulação de mercadorias ou prestação de serviços, entendemos que essa interpretação é contrária ao texto constitucional. Nesse sentido, tem julgado o STF.[66]

2.3 Competência dos Estados e do Distrito Federal

A autonomia das pessoas políticas de direito constitucional interno está umbilicalmente ligada à competência tributária que lhes foi outorgada pela Constituição. Em outras palavras, a despeito das transferências intergovernamentais que também são asseguradas pelo texto constitucional, um ente federativo somente detém uma real autonomia quando lhe é assegurado o poder de, ele mesmo, exigir os tributos necessários para fazer frente às suas necessidades.

---

65. FERRAZ JUNIOR, Tercio Sampaio. *ICMS*: Não-cumulatividade e suas exceções constitucionais. *RDT*. São Paulo: RT, n. 48, 1989, p. 21. No mesmo sentido: CARRAZZA, Roque Antonio. *ICMS*. 11. ed. São Paulo: Malheiros, 2006, p. 329.
66. Entre os julgamentos mais recentes: AgR no RE 392370/MT, Rel. Min. Ellen Gracie, Segunda Turma, DJ 09/02/2011; AI 468900/RS, Relator Min. Gilmar Mendes, Segunda Turma, DJ 01/10/2010; RE 199147/RJ, Pleno, Rel. Min. Marco Aurélio, DJ 14/11/2008.

2.3.1 Competência tributária

Competência tributária é uma das parcelas entre as prerrogativas legiferantes de que são dotadas as pessoas políticas e se consubstancia na possibilidade de legislar para a produção de normas jurídicas sobre tributos:

> Competência tributária é a aptidão para criar, *in abstracto*, tributos. No Brasil, por injunção do princípio da legalidade, os tributos são criados, *in abstracto*, por meio de lei (art. 150, I, da CF), que deve descrever todos os elementos essenciais da norma jurídica tributária. Consideram-se elementos essenciais da norma jurídica tributária os que, de algum modo, influem no *an* e no *quantum* do tributo; a saber: a *hipótese de incidência* do tributo, seu *sujeito ativo*, seu *sujeito passivo*, sua *base de cálculo* e sua *alíquota*. Esses elementos essenciais só podem ser veiculados por meio de lei.[67]

De se ver, pois, a partir do conceito transcrito, que a Constituição não criou os tributos. Ela cuidou apenas de delimitar os estreitos campos de atuação de cada ente federativo para fins de imposição tributária. É óbvio que, dado seu poder soberano, o constituinte poderia ter criado os tributos, todavia preferiu não fazê-lo, cometendo tal atribuição aos entes políticos que dotou de competência, reservando para si, todavia, o desenho do arquétipo tributário de cada uma das espécies a serem criadas pela União, Estados, Distrito Federal e Municípios.[68]

No caso do ICMS, contudo, a Constituição não se limitou a traçar esse arquétipo básico. Ao contrário, tratou de forma minudente a disciplina do imposto, o que impôs uma severa limitação à competência legiferante dos Estados e do Distrito Federal.

---

67. CARRAZZA, Roque Antonio. *Curso de direito constitucional tributário.* 22. ed. São Paulo: Malheiros, 2006, p. 471 (grifos nossos).
68. Ibid., p. 475.

INCIDÊNCIA DO ICMS NAS OPERAÇÕES DE IMPORTAÇÃO

Seria de se esperar, por exemplo, que a pessoa política competente para instituir o imposto teria, também, a competência para modular os seus efeitos, ou seja, determinando se uma determinada operação ou prestação seria ou não beneficiada como isenção, redução de base de cálculo ou crédito presumido. Não é, contudo, o que ocorre com o ICMS, que, a teor do comando insculpido no art. 155, § 2º, XII, "g", determina que os benefícios fiscais relativos a esse imposto somente podem ser concedidos na forma a ser estabelecida, conjuntamente, por essas pessoas políticas.

Em outras palavras, conforme se demonstrará ao longo deste trabalho, a competência dos Estados e do Distrito federal é exercida, de certa forma, pelo conjunto dessas unidades federadas. O desrespeito a esse ditame constitucional básico é a causa dos problemas mais graves que podem ser imputados a esse gravame.

2.3.2 Competência para instituição do ICMS

A atual Constituição manteve o ICMS sob a competência dos Estados e do Distrito Federal, da mesma forma que a Constituição anterior de 1967 conferiu a essas pessoas políticas a competência para instituir o ICM. Aliomar Baleeiro[69] anota que, do ponto de vista econômico, o ICM é o mesmo IVC, Imposto sobre Vendas e Consignações, também sob a competência dos governos subnacionais, desde a Constituição Federal de 1936. Ou seja, do ponto de vista histórico, a receita dos Estados e do Distrito Federal vem sendo mantida, primeiro pelo IVC, depois pelo ICM e, atualmente, pelo ICMS, sendo improvável a alteração da competência para a sua instituição.

---

69. BALEEIRO, Aliomar. *Direito Tributário Brasileiro*. Atualizado por Misabel Abreu Machado Derzi. 11. ed. Rio de Janeiro: Forense, 2010, p. 367.

LUCIANO GARCIA MIGUEL

Contudo, embora historicamente a competência para instituir esse tipo de tributo tenha sido conferida aos Estados e ao Distrito Federal, não altera o caráter de tributo de índole nacional do qual se reveste o ICMS, sendo que as distorções sofridas em sua estrutura, que se intensificaram ao longo da última década, se devem em grande parte a esse fato.[70]

Esse caráter nacional ocorre pela conjugação de dois fatores: (i) as operações relativas à circulação de mercadorias e a prestação de serviços de comunicação e de transporte interestadual, muitas vezes, têm início em uma unidade da Federação, mas têm o seu término em outra; e (ii) a incidência do ICMS nas operações interestaduais implica, para que não seja aviltado o princípio da não-cumulatividade, uma aceitação recíproca dos créditos entre os Estados de origem e de destino.

---

70. A doutrina costuma apontar que deve ser outorgada aos governos centrais a instituição de impostos do tipo IVA (impostos não-cumulativos), uma vez que sua operacionalidade impõe uma série de problemas aos governos subnacionais. Alguns autores enfatizam o custo para os administrados cumprirem os deveres instrumentais (*compliance costs*), em razão da multiplicidade de legislações; outros, a limitação imposta à política central macroeconômica em razão da divisão de uma base de tributação de tal magnitude. Mas o maior problema apontado pela literatura são os decorrentes das operações e prestações que destinem bens e serviços para o território de outro governo subnacional (*cross-border trade*).

Não obstante, nas últimas décadas, tem se notado uma mudança nesse posicionamento, particularmente em federações cujos governos subnacionais têm importantes responsabilidades. Três razões são apontadas para essa mudança: (i) há poucas opções para substituir a tributação da cadeia de bens e serviços como fonte de receitas para esse nível de governo; (ii) há experiência bem sucedida em outorgar a competência para instituição desse tipo de imposto (são citados os exemplos do Canadá e do Brasil); (iii) há algumas novas propostas para a aplicação do sistema usado no Canadá em outros países com sistemas tributários menos desenvolvidos (BIRD, Richard Miller; GENDRON, Pierre-Pascal. *VATs in federal states: international experience and emerging possibilities*. Disponível em: <http://info.worldbank.org/etools/docs/library/128850/Bird%20Gendron%20Subnational%20Consumption%20VATs.pdf>. Acesso em: 14 jul. 2011, p. 1-2).

Paulo de Barros Carvalho discorre sobre o significativo número de preceitos sobre o ICMS que pertencem ao sistema nacional. Há um comando uniformizante que irradia sua força por toda extensão normativa deste imposto, de tal sorte que as regras-matrizes expedidas pelos Estados e pelo Distrito Federal terão que manter praticamente os mesmos conteúdos semânticos, nos termos restritos que as leis complementares e as resoluções do Senado prescrevem.[71]

De fato, além de regrar minudentemente o ICMS, a Constituição reserva ao Senado Federal a competência para expedir resolução que estabelecerá as alíquotas aplicáveis às operações e prestações interestaduais e de exportação, faculta a expedição de resolução para estabelecer alíquotas mínimas nas operações internas e fixa alíquotas máximas nas mesmas operações a fim de resolver conflito específico que envolva interesse de Estados.

Além disso, a Constituição reservou à lei complementar a tarefa de estruturar juridicamente o ICMS. A lei complementar é figura do repertório legislativo da ordem jurídica federal, mas alcança a esfera jurídica de todas as pessoas políticas da ordem jurídica interna e tem por função básica estruturar a ordem jurídica. A reserva de matéria para lei complementar é tão minuciosa que, na realidade, uma análise sistemática revela que o Poder Legislativo dos Estados e do Distrito Federal tem pouca autonomia para a edição de normas relativas ao ICMS.

2.4 Incidência do ICMS nas operações interestaduais

O ICMS é um imposto plurifásico, que incide em todas as etapas da circulação de mercadorias e da prestação

---

71. CARVALHO, Paulo de Barros. *Curso de direito tributário*. 17. ed. São Paulo: Saraiva, 2005, p. 224 et seq.

dos serviços de comunicação e de transporte interestadual e intermunicipal.

É imposto que tende, como foi visto, a tributar o valor que se agrega a cada operação ou prestação, o que é operacionalizado pela técnica de permitir que seja abatido do imposto devido na etapa seguinte o que foi cobrado na operação ou prestação anterior.

Como ocorre com todos os tributos que ostentam a nota da não-cumulatividade, o ICMS está sujeito aos problemas atinentes ao comércio e à prestação de serviços que transcendem as fronteiras da pessoa política que detém a sua competência ativa. Em outras palavras, como as operações com mercadorias e a prestação de serviços podem ter início no território de um Estado e finalizar em outro, é necessário que o legislador estabeleça se haverá a incidência do imposto nestas hipóteses.

Trata-se de uma discussão que foi iniciada antes mesmo da proliferação dos impostos que se costumou denominar de IVA e ficou conhecida na doutrina como a opção pelo princípio da origem ou do destino. No primeiro caso, decide-se pela incidência do imposto (o que resulta na tributação da operação ou prestação pelo Estado de origem) e, no segundo, pela não-incidência (o que, obviamente, tem o efeito inverso).

As razões que levam a adoção do princípio da origem ou do destino são matéria reservada à política tributária, com efeitos econômicos que demandam profunda análise e reflexão, o que transcende ao corte metodológico estabelecido neste estudo. O que nos propomos a investigar, portanto, é a forma como o texto constitucional disciplinou a matéria.

Adiantamos que a Constituição não deu tratamento uniforme às diversas hipóteses em que há operação que destine bem ou mercadoria, ou prestação que destine serviço, para outra unidade da Federação. Essas operações, ou prestações,

INCIDÊNCIA DO ICMS NAS OPERAÇÕES DE IMPORTAÇÃO

podem sofrer três tratamentos tributários distintos: (i) não-incidência; (ii) incidência com aplicação da alíquota interna interestadual; e (iii) incidência com aplicação da alíquota interestadual.

Ressalte-se que cabe ao Senado Federal estabelecer, por resolução, as alíquotas aplicáveis às operações e prestações interestaduais (art. 155, § 2º, IV); as alíquotas aplicáveis às operações internas são fixadas pelas próprias unidades federadas, que não poderão ser inferiores às previstas para as operações interestaduais (art. 155, § 2º, IV).

Caso haja incidência do imposto na operação ou prestação interestadual, o cálculo do valor devido ao Estado de origem será feito, conforme o caso, pela aplicação da alíquota interna ou da alíquota interestadual. Na primeira hipótese, a tributação ocorre da mesma forma que nas operações internas ("princípio da origem") e, na segunda, com a aplicação da alíquota definida pelo Senado que, em regra, é inferior à alíquota interna ("princípio misto").

No caso de não incidir o imposto na operação ou prestação interestadual, obviamente nada será devido ao Estado de origem nessa operação ou prestação. Como não houve destaque de ICMS nessa fase, também não haverá nada a ser creditado pelo adquirente da mercadoria ou pelo tomador do serviço, para ser abatido do imposto devido na fase seguinte ("princípio do destino").

A Constituição trata de forma distinta as operações e prestações que destinem bens e serviços para revenda e para consumo final.

Em relação à primeira hipótese, como não há disciplina específica, entende-se que o remetente deve, simplesmente, aplicar na operação ou prestação a alíquota interestadual definida pelo Senado.

33

Como foi adiantado, a incidência com a alíquota interestadual diminui o valor do imposto devido ao Estado de origem e, por consequência, diminui também o valor a ser utilizado como crédito pelo adquirente no Estado de destino. Quanto menor a alíquota, dessa forma, menor será o valor devido ao Estado de origem e menor será o valor do crédito que deverá ser honrado pelo Estado de destino.

Tome-se como exemplo uma operação de venda de mercadorias de um fabricante, situado no Estado de São Paulo, para um atacadista, situado no Estado de Minas Gerais. Essa operação é tributada aplicando-se a alíquota interestadual de 12% sobre o valor da operação, cujo resultado deve ser recolhido ao tesouro paulista. Nas operações subsequentes, ocorridas dentro do território do Estado de Minas Gerais, o atacadista poderá abater o valor pago na operação anterior, que ficou a cargo do contribuinte paulista.

Essas operações serão calculadas pela imposição da alíquota interna, que nesse caso hipotético é de 18%. Em resumo, nas operações interestaduais, há uma "partilha" (econômica) da tributação, ficando o Estado de origem com uma parte (no caso, São Paulo ficou com 12%) e o Estado de destino com a diferença (no caso, Minas Gerais ficou com 6%).

Em relação às operações e prestações que destinem bens e serviços a consumidor final localizado em outro Estado, será aplicada a alíquota interestadual, se o destinatário for contribuinte do imposto ou a alíquota interna, se o destinatário não for contribuinte.

Assim, caso o destinatário seja contribuinte do imposto, mas esteja adquirindo a mercadoria na qualidade de consumidor final, a operação também deverá ser tributada pela alíquota interestadual (art. 155, § 2º, VII, "a"). O destinatário deverá, contudo, recolher ao Estado em que está localizado o chamado diferencial de alíquotas, ou seja, recolher o imposto equivalente à aplicação da diferença entre a alíquota interna e a alíquota interestadual sobre o valor da operação.

INCIDÊNCIA DO ICMS NAS OPERAÇÕES DE IMPORTAÇÃO

Retomamos o exemplo acima, mas, dessa vez, o atacadista mineiro estará adquirindo uma mercadoria para uso em seu estabelecimento, e não para revenda. O industrial paulista deverá proceder da mesma forma, ou seja, calcular o valor devido a São Paulo, aplicando sobre a base de cálculo a alíquota interestadual de 12%. Contudo, o procedimento do atacadista mineiro será diferente. Ele deverá recolher o imposto devido a Minas Gerais, aplicando sobre o valor da mercadoria adquirida a diferença entre a alíquota interna e a interestadual, o que é designado na legislação dos Estados como "diferencial de alíquota" (art. 155, § 2º, VIII).

Se o destinatário não for contribuinte do imposto, contudo, a operação é considerada interna. Ou seja, o remetente deverá aplicar a alíquota interna sobre o valor da operação e recolher o imposto devido ao Estado em que está localizado (art. 155, § 2º, VII, "b").[72]

A última regra constitucional sobre o tema diz respeito à não-incidência do ICMS "sobre operações que destinem a outros Estados petróleo, inclusive lubrificantes, combustíveis líquidos e gasosos dele derivados, e energia elétrica" (art. 155, § 2º, X, "b"). Isso significa que, na operação interestadual, o remetente não irá destacar ICMS e, dessa forma, nada será devido ao Estado de origem.[73]

---

72. Essa regra tem gerado veementes protestos de alguns Estados. Alegam que nos últimos anos cresceu exponencialmente o número de aquisição de bens por pessoas físicas utilizando a rede mundial de computadores (internet). Como as vendas são feitas por contribuintes localizados nos Estados mais desenvolvidos economicamente (especialmente São Paulo), houve perda de receita dos Estados menos desenvolvidos (uma vez que essas operações são consideradas internas, o que significa que o imposto devido é recolhido, em sua totalidade, para o Estado de origem).
73. Caso seja editada a lei complementar prevista no art. 155, § 2º, XII, "h", que define "os combustíveis e lubrificantes sobre os quais o imposto incidirá uma única vez, qualquer que seja a sua finalidade", deixa de ser aplicada essa regra. O § 4º do art. 155 estabelece que, nesse caso:

I – nas operações com os lubrificantes e combustíveis derivados de petróleo, o imposto caberá ao Estado onde ocorrer o consumo;

II – nas operações interestaduais, entre contribuintes, com gás natural e seus derivados, e lubrificantes e combustíveis não incluídos no inciso I deste parágrafo, o imposto será repartido entre os Estados de origem e de destino, mantendo-se a mesma proporcionalidade que ocorre nas operações com as demais mercadorias;

III – nas operações interestaduais com gás natural e seus derivados, e lubrificantes e combustíveis não incluídos no inciso I deste parágrafo, destinadas a não contribuinte, o imposto caberá ao Estado de origem.

3
LEIS COMPLEMENTARES E RESOLUÇÕES DO SENADO RELACIONADAS AO ICMS

O ICMS, por sua natureza, tem disciplina constitucional singular. Contudo, não se esgotam na Constituição as normas nacionais relativas a esse imposto. O texto constitucional reservou matérias de alta relevância para a disciplina de leis complementares e resoluções do Senado, que serão analisadas neste capítulo.

3.1 Leis complementares

As leis complementares exercem um papel de suma importância no ordenamento jurídico nacional. Na seara tributária, despontam como instrumentos de harmonização e racionalidade do sistema, papel primordial em razão dos inúmeros focos ejetores de normas jurídicas tributárias em nossa Federação.

3.1.1 Leis complementares como instrumento de harmonização da legislação tributária

A ordem jurídica brasileira é um sistema de normas, de

estrutura e de comportamento, que formam subsistemas que têm por fundamento de validade semântica a Constituição. Os quatro plexos normativos (sistema nacional, sistema federal, sistemas estaduais e os sistemas municipais) estão racionalmente determinados em seu texto.[74]

O subsistema constitucional tributário é formado pelo conjunto das normas constitucionais que versam sobre matéria tributária. A homogeneidade desse conjunto é determinada pela natureza lógica de seus elementos e pelo assunto sobre que dispõem. A sua unicidade é atribuída por estarem legitimadas pela mesma fonte (norma hipotética fundamental) e por se consubstanciarem como ponto de confluência do direito positivo no que concerne à matéria que lhes dá conteúdo.[75]

A Constituição discriminou de forma rígida a competência das pessoas políticas para instituir tributos não vinculados, conferindo à União a possibilidade de instituir novos impostos, não tenham a mesma hipótese de incidência ou base de cálculo daqueles que já estão discriminados no texto constitucional.

Esses tributos são instituídos pela União, Estados e Distrito Federal, e Municípios, obedecidos os limites traçados pela Constituição. Para tanto, essas pessoas políticas detêm competência legislativa, que é a aptidão de que são dotadas para expedir regras jurídicas, inovando o ordenamento positivo. Por força do princípio da legalidade, a lei é o instrumento introdutor dos preceitos jurídicos que criam direitos e deveres correlatos. Competência tributária, portanto, é uma das parcelas entre as prerrogativas legiferantes de que são dotadas as pessoas políticas e se consubstancia

---

74. CARVALHO, Paulo de Barros. *Curso de direito tributário*. 17. ed. São Paulo: Saraiva, 2005, p. 141-142.
75. Ibid., p. 142-143.

INCIDÊNCIA DO ICMS NAS OPERAÇÕES DE IMPORTAÇÃO

"na possibilidade de legislar para a produção de normas jurídicas sobre tributos."[76]

Essas ordens jurídicas tributárias parciais – sem embargo da autonomia das pessoas políticas de direito constitucional interno, postulado do princípio federativo – devem coexistir de maneira harmônica, sem o que seria impossível propugnar a existência de um sistema jurídico.

Obviamente, as normas constitucionais são os principais vetores que atuam no sentido de conferir a necessária coerência à ordem jurídica nacional. Contudo, há matérias que, embora não sejam tratadas diretamente pela Constituição, são de interesse capital para a operacionalidade do sistema tributário. É nesse contexto que se insere a lei complementar tributária, ou seja, instrumento que complementa a atuação constitucional.[77]

A análise sistemática da Constituição permite dizer que lei complementar é aquela que possui os seguintes traços identificadores: (i) dispõe sobre matéria expressa ou implicitamente indicada no texto constitucional (pressuposto material ou ontológico); (ii) está submetida a *quorum* qualificado, maioria absoluta da Câmara e do Senado (requisito formal).[78]

Em matéria tributária, o art. 146 da Constituição reserva à lei complementar a disciplina das seguintes matérias: (i) dispor sobre conflitos de competência, em matéria tributária, entre a União, os Estados, o Distrito Federal e os Municípios; (ii) regular as limitações constitucionais ao poder de tributar; (iii) estabelecer normas gerais em matéria de legislação tributária.

---

76. CARVALHO, Paulo de Barros. *Curso de direito tributário*. 17. ed. São Paulo: Saraiva, 2005, p. 217-218.
77. COÊLHO, Sacha Calmon Navarro. *Curso de direito tributário brasileiro*. 10. ed. Rio de Janeiro: Forense, 2009, p. 84.
78. CARVALHO, op. cit., p. 209-212.

Além desses dispositivos genéricos, a Constituição reservou diversos outros tópicos específicos em matéria tributária que devem ser tratados exclusivamente por lei complementar.

Sobre a função da lei complementar que tem por objetivo dispor sobre conflito de competência tributária entre as pessoas políticas, Sacha Calmon Navarro Coêlho observa que

> A sua função na espécie é tutelar do sistema e objetiva controlar, após a promulgação da Lei Maior, o sistema de repartição de competências tributárias, resguardando-o. Em princípio, causa perplexidade a possibilidade de conflitos de competência, dada a rigidez e rigorosa segregação do sistema, com impostos privativos e apartados por ordem de governo e taxas e contribuições de melhoria atribuídas com base na precedente competência político-administrativa das pessoas políticas componentes da Federação. Dá-se, porém, que não são propriamente conflitos de competência que podem ocorrer, mas invasões de competência em razão da insuficiência intelectiva dos relatos constitucionais pelas pessoas políticas destinatárias das regras de competência [...].[79]

A competência das pessoas políticas para instituir regras no ordenamento relativas à exigência de tributos é limitada pelo texto constitucional. Esses limites estão contidos não apenas nos arts. 150 a 152 da Constituição, mas também nas próprias normas que delimitam a competência tributária da União, dos Estados e do Distrito Federal e dos Municípios.

Muitas dessas limitações são autoaplicáveis, não necessitam ser disciplinadas por lei complementar. Nesse sentido,

---

79. COÊLHO, Sacha Calmon Navarro. *Curso de direito tributário brasileiro*. 10. ed. Rio de Janeiro: Forense, 2009, p. 89.

INCIDÊNCIA DO ICMS NAS OPERAÇÕES DE IMPORTAÇÃO

grande parte das disposições contidas no Código Tributário Nacional que versam sobre essa matéria não passam de pleonasmos desnecessários.

Um comentário mais elastecido necessita ser feito em relação às normas gerais em matéria de legislação tributária. Segundo Paulo de Barros Carvalho, a discussão sobre essa matéria teve início ainda sob a égide da Carta de 1967, ocasião em que se estabeleceram duas vertentes interpretativas acerca do disposto no art. 18, § 1º.

A corrente tricotômica entendia que a lei complementar nela prevista detinha três funções distintas: (i) emitir normas gerais de direito tributário; (ii) dispor sobre conflitos de competência, nessa matéria, entre a União, os Estados, o Distrito Federal e os Municípios; e (iii) regular as limitações constitucionais ao poder de tributar.

A corrente dicotômica interpretou o dispositivo constitucional de forma mais restritiva. O risco dessa linha interpretativa, segundo essa doutrina, estava em permitir ao Legislativo federal produzir indiscriminadamente regras que invadissem as competências outorgadas aos Estados e Municípios, o que resultaria na ofensa ao princípio federativo, da autonomia municipal e da isonomia das pessoas políticas.

As bases dessa linha interpretativa são as seguintes: (i) a lei complementar prevista no citado dispositivo tem como única função ser o veículo introdutor de normas gerais de direito tributário; (ii) os objetivos dessas normas são restritos a dispor sobre conflitos de competências entre as entidades tributantes e regular as limitações constitucionais ao poder de tributar.

Com o advento da atual Constituição, o entendimento preconizado pela corrente tricotômica foi refletido na redação dada ao inciso III do art. 146. De acordo com esse dispositivo, cabe à lei complementar estabelecer normas gerais em matéria de legislação tributária, especialmente sobre:

a) definição de tributos e de suas espécies, bem como, em relação aos impostos discriminados nesta Constituição, a dos respectivos fatos geradores, bases de cálculo e contribuintes;

b) obrigação, lançamento, crédito, prescrição e decadência tributários;

c) adequado tratamento tributário ao ato cooperativo praticado pelas sociedades cooperativas.

d) definição de tratamento diferenciado e favorecido para as microempresas e para as empresas de pequeno porte [...].

Em outras palavras, toda a matéria tributária está contida no âmbito da competência da lei complementar, seja na explicitude de sua "especialidade", seja na implicitude de sua "generalidade":

Praticamente a matéria inteira da relação jurídico-tributária se contém nos preceitos supratranscritos. Diz-se que ali está a epopeia do nascimento, vida e morte da obrigação tributária. Se ajuntarmos a tais "normas gerais" o conteúdo (e aqui não se discute se são ou não excedentes) do atual Código Tributário Nacional, teremos uma visão bem abrangente do que são as normas gerais de Direito Tributário. A grande força da União como ente legislativo em matéria tributária resulta de que o Senado, através de resoluções, fixa bases de cálculo e alíquotas de vários tributos da competência de estados e municípios, de que, através de normas gerais, o Congresso Nacional desdobra as hipóteses de incidência e, muitas vezes, o *quantum debeatur* desses tributos, exercitando controle permanente sobre o teor e o exercício da tributação no território nacional. A vantagem está na *unificação* do sistema tributário nacional, epifenômeno da *centralização administrativa*. De norte a sul, seja o tributo federal, estadual ou municipal, o fato gerador, a obrigação tributária, seus elementos, as técnicas de lançamento, a prescrição, a anistia, as isenções etc. todas obedecem a uma mesma disciplina

INCIDÊNCIA DO ICMS NAS OPERAÇÕES DE IMPORTAÇÃO

normativa, em termos conceituais, evitando o caos e a desarmonia. Sobre os prolegômenos doutrinários do federalismo postulatório da *autonomia das pessoas políticas* prevaleceu a *praticidade do Direito*, condição indeclinável de sua *aplicabilidade* à vida. A preeminência da norma geral de Direito Tributário é pressuposto de possibilidade do CTN (veiculado por *lei complementar*).[80]

Tercio Sampaio Ferraz Junior, sublinha a necessidade e a importância das normas gerais de direito tributário para a segurança jurídica em razão dos personalismos e individualismos próprios de nossa cultura, o que exige a tipificação genérica de alguns conteúdos.[81]

Embora o tema ainda seja debatido na doutrina, a jurisprudência do STF indica a prevalência das normas gerais de direito tributário veiculadas por leis complementares:

> Prescrição e decadência tributárias. Matérias reservadas a lei complementar. Disciplina no Código Tributário Nacional. [...] As normas relativas à prescrição e à decadência tributárias têm natureza de normas gerais de direito tributário, cuja disciplina é reservada à lei complementar, tanto sob a Constituição pretérita (art. 18, § 1º, da CF de 1967/1969) quanto sob a Constituição atual (art. 146, b, III, da CF de 1988). Interpretação que preserva a força normativa da Constituição, que prevê disciplina homogênea, em âmbito nacional, da prescrição, decadência, obrigação e crédito tributários. Permitir regulação distinta sobre esses temas, pelos diversos entes da Federação, implicaria prejuízo à vedação de tratamento desigual entre contribuintes em situação equivalente e à segurança jurídica. Disciplina prevista no Código Tributário Nacional. O Código Tributário

---

80. COÊLHO, Sacha Calmon Navarro. *Curso de direito tributário brasileiro*. 10. ed. Rio de Janeiro: Forense, 2009, p. 95 (grifos do autor).
81. FERRAZ JUNIOR, Tercio Sampaio. Segurança jurídica e normas gerais tributárias. *RDT*. São Paulo: RT, n. 17-18, 1981, p. 56.

Nacional (Lei 5.172/1966), promulgado como lei ordinária e recebido como lei complementar pelas Constituições de 1967/69 e 1988, disciplina a prescrição e a decadência tributárias.[82]

A reserva de matéria privativa da atuação da lei complementar prevista no art. 146, III, da Constituição, é, portanto, uma decorrência lógica do sistema jurídico. O seu objetivo é conferir uniformidade ao sistema tributário, que poderia ser prejudicada em decorrência da competência concorrente das pessoas políticas de direito constitucional interno para legislar sobre esse tema.

3.1.2 Relação das leis complementares tributárias com as leis ordinárias tributárias

O ponto focal da relação que se estabelece entre as leis complementares e as leis ordinárias é a questão da hierarquia. A relação que se estabelece entre essas normas é horizontal ou vertical? Ou, em outras palavras, a lei complementar é hierarquicamente superior à lei ordinária?

A lei complementar é introduzida no ordenamento pelos órgãos legiferantes da União, mas o seu âmbito de validade não está restrito ao plano federal, uma vez que é um excelente instrumento de legislação nacional. Essa característica, aliada à posição que ocupa na lista das figuras legislativas e o regime de aprovação mais severo, têm sido elencados como argumentos de defesa da hierarquia das leis complementares relativamente às leis ordinárias.[83]

---

82. RE 556.664 e RE 559.882, Pleno, Rel. Min. Gilmar Mendes, DJ 04/11/2008. No mesmo sentido: RE 560.626, Pleno, Rel. Min. Gilmar Mendes, DJ 05/12/2008; RE 543.997-AgR, 2ª Turma, voto da Rel. Min. Ellen Gracie, DJ 06/08/2010.
83. CARVALHO, Paulo de Barros. *Curso de direito tributário*. 17. ed. São Paulo: Saraiva, 2005, p. 208.

José Souto Maior Borges, ainda sob a égide da Constituição anterior, demonstrou que as leis complementares não possuem fisionomia unitária, mas estão divididas em duas espécies: (i) leis complementares que fundamentam a validade de atos normativos (espécie que subordina a lei ordinária); e (ii) leis complementares que não fundamentam a validade de outros atos normativos (espécie que não subordina a lei ordinária, uma vez que ambas extraem seu conteúdo diretamente do texto constitucional).[84]

Em estudo mais recente, elaborado sob a nova ordem constitucional, retoma o pensamento exposto anteriormente, para afirmar que a lei complementar que veicula normas gerais de direito tributário, por ser norma de âmbito nacional, prevalece sobre os plexos normativos federais, estaduais e municipais. Esclarece, contudo, que essa regra é excepcional no direito brasileiro, o que basta para concluir que nem sempre a lei complementar é superior à lei ordinária.[85]

Segundo Paulo de Barros Carvalho, a hierarquia é sintática (de cunho eminentemente lógico) ou semântica e se biparte em (i) formal, hipótese em que a norma superior dita apenas os pressupostos de forma que a norma inferior deve respeitar e (ii) material, em que a norma superior preceitua os conteúdos de significação da norma inferior.[86]

Sob o enfoque material, entende que há impossibilidade de uma visão unitária sobre esse tema, pois, em alguns casos, a lei complementar subordina a lei ordinária (*e.g.*, regras que dispõem sobre o conflito de competências), mas há

---

84. BORGES, José Souto Maior. *Lei complementar tributária*. São Paulo: RT; EDUC, 1975, p. 79 et seq.
85. Id. Hierarquia e sintaxe constitucional da lei complementar tributária. *RDDT*, São Paulo: Dialética, n. 150, mar. 2008, p. 70.
86. CARVALHO, Paulo de Barros. *Curso de direito tributário*. 17. ed. São Paulo: Saraiva, 2005, p. 211-213.

outros em que tanto a lei complementar quanto a lei ordinária retiram seu conteúdo diretamente da Constituição. Observa que, no caso de matéria privativa de atuação de lei complementar (como é o caso das limitações constitucionais ao poder de tributar), não é possível referir-se a uma relação de hierarquia.

No caso de matéria privativa de atuação da lei complementar, portanto, eventual conflito com a lei ordinária deve ser resolvido no plano constitucional:

> Conflito entre legislação local e lei complementar de normas gerais em matéria tributária. [...] Nem toda contraposição entre lei ordinária e lei complementar se resolve no plano constitucional. Dentre outras hipóteses, a discussão será de alçada constitucional se o ponto a ser resolvido, direta ou incidentalmente, referir-se à existência ou inexistência de reserva de lei complementar para instituir o tributo ou estabelecer normas gerais em matéria tributária, pois é a Constituição que estabelece os campos materiais para o rito de processo legislativo adequado.[87]

Em suma, nessas hipóteses, afasta-se a aplicação da lei ordinária, por estar em contraposição com a própria norma constitucional que reservou a disciplina da matéria para o estatuto complementar.

3.1.3 Leis complementares tributárias relativas ao ICMS

Como foi demonstrado no capítulo anterior, o ICMS tem características de imposto nacional, o que significa que a sua operacionalidade fica muito prejudicada pela dissonância das diversas legislações estaduais e distritais,

---

87. RE 228.339-AgR, Segunda Turma, Rel. Min. Joaquim Barbosa, DJ 28/05/2010.

razão pela qual o constituinte, de forma atípica, cuidou em detalhes de sua disciplina.[88]

O detalhamento presente no texto constitucional não foi, contudo, entendido como suficiente pelo legislador constitucional para assegurar a higidez estrutural desse imposto, razão pela qual reservou à lei complementar praticamente todo o restante da disciplina jurídica do ICMS.

De acordo com o art. 155, § 2º, XII, cabe à lei complementar:

> a) definir seus contribuintes;
>
> b) dispor sobre substituição tributária;

---

88. A unificação das legislações do ICMS tem sido uma proposta constante nas discussões sobre a reforma do sistema tributário.

Na Proposta de Emenda Constitucional 175-A, de 1995, os tributos incidentes sobre a base de consumo foram aglutinados em dois impostos, de competência conjunta da União, Estados e Distrito Federal. O primeiro incide sobre "operações relativas à circulação de mercadorias e sobre prestações de serviços, ainda que as operações se iniciem no exterior"; o segundo, sobre "operações relativas à circulação de combustíveis automotivos definidos em lei complementar". A harmonização tributária é garantida pela imposição de que os dois impostos sejam instituídos e regulamentados em lei complementar.

O ponto central da Proposta de Emenda Constitucional 285, de 2004 é a uniformização de toda legislação referente ao ICMS. As leis estaduais são limitadas a estabelecer a exigência do imposto, que passa a ser disciplinado por lei complementar federal. Seguindo técnica já utilizada pelo legislador constitucional originário, acrescenta temas que deverão ser necessariamente tratados por essa figura normativa. Obviamente, para garantir a uniformidade da legislação, deve-se garantir que a regulamentação também seja única.

Finalmente, a Proposta de Emenda Constitucional 41, de 2008, também pretende atingir a harmonização da legislação estadual pela instituição do ICMS por lei complementar, sendo vedada a adoção de norma estadual sobre esse imposto. O ICMS terá regulamentação única, sendo vedada a adoção de norma estadual autônoma, ressalvadas as hipóteses expressamente previstas na Constituição. A preocupação com a regulamentação única se evidencia na regra que determina um cronograma a ser seguido pelo órgão colegiado dos Estados e do Distrito Federal.

LUCIANO GARCIA MIGUEL

c) disciplinar o regime de compensação do imposto;

d) fixar, para efeito de sua cobrança e definição do estabelecimento responsável, o local das operações relativas à circulação de mercadorias e das prestações de serviços;

e) excluir da incidência do imposto, nas exportações para o exterior, serviços e outros produtos além dos mencionados no inciso X, "a";

f) prever casos de manutenção de crédito, relativamente à remessa para outro Estado e exportação para o exterior, de serviços e de mercadorias;

g) regular a forma como, mediante deliberação dos Estados e do Distrito Federal, isenções, incentivos e benefícios fiscais serão concedidos e revogados;

h) definir os combustíveis e lubrificantes sobre os quais o imposto incidirá uma única vez, qualquer que seja a sua finalidade, hipótese em que não se aplicará o disposto no inciso X, b; (Incluída pela Emenda Constitucional n. 33, de 2001);

i) fixar a base de cálculo, de modo que o montante do imposto a integre, também na importação do exterior de bem, mercadoria ou serviço.

A Lei Complementar n. 87/96 disciplina praticamente toda a matéria que o art. 155, § 2º, XII, reserva à disciplina da lei complementar, com exceção da forma como serão concedidos e revogados os incentivos e benefícios fiscais relativos a esse imposto, que é disciplinada pela Lei Complementar n. 24/75, e a definição dos combustíveis e lubrificantes sobre os quais haverá a incidência única do ICMS, que ainda não conta com disciplina do estatuto complementar.

3.1.3.1 Lei Complementar n. 87/96

Anote-se que, embora o sistema tributário nacional atual tenha passado a vigorar a partir do primeiro dia do

INCIDÊNCIA DO ICMS NAS OPERAÇÕES DE IMPORTAÇÃO

quinto mês seguinte ao da promulgação da Constituição de 1988, a Lei Complementar n. 87 somente foi editada em setembro de 1996.

Nesse lapso, o ICMS foi regulado provisoriamente pelo Convênio ICM 66, de 16 de dezembro de 1988, editado com base no art. 34, § 8º, do Ato das Disposições Constitucionais Transitórias:

> § 8º – Se, no prazo de sessenta dias contados da promulgação da Constituição, não for editada a lei complementar necessária à instituição do imposto de que trata o art. 155, I, "b", os Estados e o Distrito Federal, mediante convênio celebrado nos termos da Lei Complementar n. 24, de 7 de janeiro de 1975, fixarão normas para regular provisoriamente a matéria.

Enfim, o ICMS, tal como anteriormente o ICM, sempre contou com uma disciplina intercalar entre as normas constitucionais e as normas estaduais e distritais.[89]

Tal como discorremos, entendemos que as normas da Lei Complementar n. 87/96 não são hierarquicamente superiores às normas veiculadas pelas leis instituidoras do ICMS, veiculadas pelos Estados e pelo Distrito Federal. Contudo, por se tratar de matéria reservada pela Constituição ao estatuto complementar, as normas estaduais e distritais não podem tratar do tema de forma diversa.

Em outras palavras, caso a lei estadual ou distrital trate de forma diversa da lei complementar uma das matérias a ela reservada, estará a ofender o próprio texto constitucional.

Os primeiros artigos da Lei Complementar n. 87/96 (1º a 3º) são dispositivos que pouco acrescentam à disciplina do

---

89. O Decreto-lei n. 406, de 31 de dezembro de 1966, cumpria esse papel em relação ao ICM.

imposto, sendo pouco mais que um desdobramento do sentido do texto constitucional sobre a competência, a incidência e a não-incidência do ICMS.

O critério utilizado pela lei para definir quem é contribuinte do imposto é a habitualidade ou o volume que qualquer pessoa, física ou jurídica, realize operações de circulação de mercadoria ou prestações de serviços de transporte interestadual e intermunicipal e de comunicação. É indiferente, para tanto, que as operações ou prestações se iniciem no exterior (art. 4º).

Os arts. 6º a 10 disciplinam a substituição tributária, que pode ser definida como a hipótese em que a lei imputa "a obrigação de o substituto cumprir com a obrigação tributária gerada em virtude de fato juridicamente relevante praticado pelo substituído, ao mesmo tempo em que exonera este último de cumprir com a obrigação".[90]

De acordo com o art. 6º, "lei estadual poderá atribuir a contribuinte do imposto ou a depositário a qualquer título a responsabilidade pelo seu pagamento, hipótese em que assumirá a condição de substituto tributário". Condiciona, dessa forma, que a responsabilidade para a atribuição dessa condição a outra pessoa que não seja o contribuinte do imposto seja feita, obrigatoriamente, por lei.

A base de cálculo das operações subsequentes sujeitas à substituição tributária deverá ser apurada pela soma do valor da operação própria realizada pelo substituto tributário, o valor de encargos cobrados ou transferíveis aos adquirentes (por exemplo, seguro e frete) e a margem de valor agregado relativa às operações subsequentes (art. 8º, II).

A margem deve ser apurada com base na média ponderada

---

90. FERRAGUT, Maria Rita. *Responsabilidade tributária e o Código Civil de 2002.* 2. ed. São Paulo: Noeses, 2009, p. 59-60.

INCIDÊNCIA DO ICMS NAS OPERAÇÕES DE IMPORTAÇÃO

dos preços pesquisados (critérios fixados em lei) ou por meio de outros elementos fornecidos por entidades representativas dos setores econômicos (art. 8º, § 4º).

Se houver preço final a consumidor fixado por órgão público competente, ele deverá obrigatoriamente ser utilizado como base de cálculo do imposto, para fins de substituição tributária. Se o preço final for apenas sugerido pelo fabricante ou importador, a sua adoção como base de cálculo é facultativa (art. 8º, §§ 2º e 3º).

A adoção do regime de substituição tributária em operações interestaduais depende de acordo entre os Estados interessados, o que é feito por meio de convênios ou protocolos (art. 9º).

A lei assegura, repetindo a Constituição, o "direito à restituição do valor do imposto pago por força da substituição tributária, correspondente ao fato gerador presumido que não se realizar" (art. 10).

Paulo de Barros Carvalho aponta que, no que tange a exações como o ICMS, "seja qual for o lugar em que o fato ocorreu, dentro da latitude eficacial da norma, dão-se por propagados os seus legítimos efeitos, não havendo falar-se de pontos particularmente determinados, ou de sub-regiões zelosamente delineadas".[91]

Não obstante, a lei complementar, cumprindo o que foi determinado no texto constitucional, tratou de estabelece cuidadosamente os critérios para definir qual "o local da operação ou da prestação, para os efeitos da cobrança do imposto e definição do estabelecimento responsável" (art. 11, *caput*).

Tal cuidado se deve ao fato de o ICMS ser um imposto cuja sujeição passiva ainda está muito ligada à ideia de

---

91. CARVALHO, Paulo de Barros. *Curso de direito tributário*. 17. ed. São Paulo: Saraiva, 2005, p. 261-262.

estabelecimento, definido, para os propósitos da Lei Complementar n. 87/96 como "o local, privado ou público, edificado ou não, próprio ou de terceiro, onde pessoas físicas ou jurídicas exerçam suas atividades" (art. 11§ 3º).

Sujeito passivo, resta claro, não é estabelecimento, uma vez que esse não é detentor de personalidade jurídica, mas apenas o local onde as pessoas físicas ou jurídicas exercem suas atividades.

Mas o ICMS, como um imposto de índole nacional, cuja competência está repartida entre os governos subnacionais, necessita de critérios que tornem possível determinar quem é o sujeito ativo em operações ou prestações que, iniciadas em um determinado Estado, são finalizadas em outro.

Na maioria dos casos, há uma certa obviedade nessa determinação, mas nem todas as hipóteses são resolvidas com facilidade. As relações atuais são marcadas pela complexidade, e, muitas vezes, a solução não se mostra tão evidente, como pode transparecer por uma análise menos acurada do tema.

Deixando de lado essas observações, é possível verificar quais os critérios básicos previstos na lei complementar e determinar qual é o "local da operação ou da prestação, para os efeitos da cobrança do imposto e definição do estabelecimento responsável" (esclarecemos, contudo, que há vários critérios previstos na lei, além desses que consideramos os mais importantes):

(i) tratando-se de mercadoria ou bem, "o do estabelecimento onde se encontre, no momento da ocorrência do fato gerador" e, "se importado do exterior, o do estabelecimento onde ocorrer a entrada física" ou o "do domicílio do adquirente, quando não estabelecido" (art. 11, I, "a", "d" e "e");

(ii) tratando-se de prestação de serviço de transporte: "onde tenha início a prestação" (art. 11, II, "a");

INCIDÊNCIA DO ICMS NAS OPERAÇÕES DE IMPORTAÇÃO

(iii) tratando-se de prestação onerosa de serviço de comunicação: "o do estabelecimento destinatário do serviço", inclusive os que se iniciem no exterior (art. 11, III, "d" e IV).

A Lei Complementar n. 87/96 também disciplina quais são os momentos que possibilitam ao intérprete estabelecer qual o instante em que acontece o fato que, descrito na RMIT, passará a obrigar o sujeito passivo a cumprir a obrigação tributária. Novamente, o legislador tratou o assunto com excesso de minúcias, razão pela qual indicaremos os momentos mais importantes em nossa avaliação:

(i) a da "saída de mercadoria de estabelecimento de contribuinte, ainda que para outro estabelecimento do mesmo titular" (art. 12, I);

(ii) o do "início da prestação de serviços de transporte interestadual e intermunicipal" (art. 12, V);

(iii) o das "prestações onerosas de serviços de comunicação" (art. 12, VII);

(iv) o do "desembaraço aduaneiro de mercadorias ou bens importados do exterior" (art. 12, IX).

A base de cálculo do ICMS é, no caso de operações com bens ou mercadorias, o valor da operação (art. 13, I) e, no caso da prestação de serviços sujeitos à sua incidência, o preço do serviço (art. 13, III).

Há, contudo, regras específicas para a formação da base de cálculo nas hipóteses de fornecimento de alimentação, operações de importação ou recebimento de serviço prestado no exterior (que serão estudados em detalhes no capítulo seguinte); operações que destinem mercadorias para estabelecimento localizado em outro Estado, pertencente ao mesmo titular; operações e prestações sem valor ou preço determinado, etc. (arts. 13 a 18).

O art. 13 contém, ainda, duas importantes regras relativas à base de cálculo do ICMS:

(i) ela é integrada pelo montante do próprio imposto, bem como os valores correspondentes a seguros, juros, descontos concedidos sob condição e frete, além de outros e demais importâncias pagas, recebidas ou debitadas do destinatário (art. 13, § 1º, I e II);

(ii) não a integra o montante do Imposto sobre Produtos Industrializados, "quando a operação, realizada entre contribuintes e relativa a produto destinado à industrialização ou à comercialização" (art. 13, § 2º).

Os dispositivos restantes da Lei Complementar n. 87/96 são dedicados à disciplina do regime de compensação do imposto, o que inclui a previsão de manutenção de crédito relativamente às operações interestaduais e de exportação.

O tema é complexo, e, em razão das limitações impostas pelo objeto desse trabalho, nos limitaremos novamente às regras básicas do instituto.

A não-cumulatividade do imposto é assegurada ao conferir ao sujeito passivo o direito de creditar-se do imposto cobrado em operações anteriores, pelo mesmo ou por outro Estado, resultado da aquisição de mercadorias, bens destinados ao seu uso ou consumo ou ativo permanente, ou recebimento de serviços (arts. 19 e 20).

O crédito é tomado imediatamente, exceto na hipótese da aquisição de bens destinados ao ativo permanente, hipótese em que a "apropriação será feita à razão de um quarenta e oito avos por mês, devendo a primeira fração ser apropriada no mês em que ocorrer a entrada no estabelecimento" (art. 20, § 5º).

Exceto disposição em contrário, o direito a crédito é vedado nas seguintes hipóteses de aquisição de mercadorias ou recebimento de serviços:

INCIDÊNCIA DO ICMS NAS OPERAÇÕES DE IMPORTAÇÃO

(i) "resultantes de operações ou prestações isentas ou não tributadas" (art. 20, § 1º, primeira parte);

(ii) "alheios à atividade do estabelecimento" (art. 20, § 1º, parte final);

(iii) saída ou prestação subsequente beneficiada com isenção ou não-incidência, ou se a mercadoria ou serviço for utilizado para a fabricação de bem que contar com o mesmo benefício, exceto se for objeto de operação de exportação (art. 20, § 3º).

Ocorrendo uma das hipóteses acima descritas, fica, portanto, vedado ao sujeito passivo efetuar o crédito do imposto. Contudo, se as circunstâncias que vedam o crédito forem imprevisíveis na data da entrada da mercadoria ou da utilização do serviço, o sujeito passivo deverá efetuar o estorno do crédito no momento em que essas hipóteses se concretizarem. Deverá proceder da mesma forma, caso a mercadoria adquirida venha posteriormente a perder-se ou deteriorar-se (art. 21, I a IV).

O direito ao crédito está condicionado: (i) à idoneidade da documentação e (ii) à escrituração no prazo de cinco anos, contados da data de emissão do documento fiscal (art. 23).

No final do período de apuração, que é disciplinado pela legislação tributária estadual, o sujeito passivo irá cotejar os débitos do imposto (relativo às saídas de mercadorias ou aos serviços prestados) com os créditos desse mesmo imposto (relativo às aquisições de mercadorias ou bens e aos serviços tomados, nas hipóteses admitidas).

O resultado dessa operação poderá apresentar dois resultados distintos:

(i) saldo devedor, hipótese em que o total de débitos supera o total de créditos (que inclui eventualmente o saldo credor de períodos anteriores), devendo a diferença ser recolhida no prazo fixado na legislação (art. 24, II);

(ii) saldo credor, hipótese em que o total de débitos não supera o total de créditos, devendo a diferença ser transportada para o próximo período (art. 24, III).

Observamos que, se regularmente escriturado (na forma e no prazo previstos), o crédito irá permanecer hígido até ser abatido com débitos futuros. Caso não haja, no período seguinte, débitos a serem compensados com esses créditos, será transportado novamente para o período subsequente e assim indefinidamente. Em outras palavras, não há previsão de prazo para a utilização do crédito, mas apenas para a sua escrituração.

Embora a lei complementar consagre o princípio da autonomia do estabelecimento (art. 13, § 3º, II), permite, não obstante, que os débitos e créditos apurados venham a ser compensados de forma centralizada, em um único estabelecimento do mesmo sujeito passivo (art. 25).

Finalmente, Lei Complementar n. 87/96 impôs limites à apropriação de créditos relativos à aquisição de bens destinados ao uso e consumo de energia elétrica e serviços de comunicação. A plena utilização desses créditos tem sido postergada por sucessivas alterações nesse dispositivo, estando atualmente prevista para 1º de janeiro de 2020.[92]

Permite-se, enquanto isso, a escrituração dos créditos de energia elétrica: (i) quando for objeto de operação de saída de energia elétrica; (ii) quando consumida no processo de industrialização; e (iii) quando seu consumo resultar em operação de saída ou prestação para o exterior, na proporção destas sobre as saídas ou prestações totais.

O crédito relativo ao recebimento de serviços de comunicação é permitido: (i) quando utilizados pelo estabelecimento ao qual tenham sido prestados na execução de serviços da

---

92. De acordo com a redação dada ao dispositivo pela Lei Complementar 138/2010.

INCIDÊNCIA DO ICMS NAS OPERAÇÕES DE IMPORTAÇÃO

mesma natureza; e (ii) quando sua utilização resultar em operação de saída ou prestação para o exterior, na proporção desta sobre as saídas ou prestações totais.

3.1.3.2 Lei Complementar n. 24/75

Em regra, quem tem a competência tributária para instituir um determinado tributo também tem competência para conceder benefícios a ele relativos.

Quem cria tributos pode, por igual modo, aumentar a carga tributária (agravando a alíquota ou a base de cálculo da exação), diminuí-la (adotando o procedimento inverso) ou, até, suprimi-la, por intermédio da não-tributação pura e simples. Pode, ainda, isentar tributos. Tudo vai depender de uma *decisão política*, a ser tomada, de regra (há exceções), pela própria entidade tributante.[93]

Contudo, essa regra não se aplica ao ICMS. Como foi visto, por força do disposto no art. 155, § 2º, XII, "g", da Constituição, as decisões sobre a concessão e a revogação de isenções, incentivos e benefícios fiscais relativos a esse imposto não serão deliberadas de forma unilateral, mas de forma conjunta entre os Estados e o Distrito Federal, na forma estabelecida em lei complementar.

A lei complementar a que se refere o citado art. 155, § 2º, XII, "g", já existia no ordenamento jurídico nacional à época da promulgação da Constituição de 1988, razão pela qual a Lei Complementar n. 24, de 7 de janeiro de 1975, foi recepcionada na nova ordem constitucional, para reger a forma pela qual os Estados e o Distrito Federal devem conceder e revogar benefícios fiscais relativos ao ICMS.[94]

---

93. CARRAZZA, Roque Antonio. *Curso de direito constitucional tributário.* 22. ed. São Paulo: Malheiros, 2006, p. 813 (grifo do autor).
94. A Constituição a ela se refere expressamente no § 8º do art. 34 do ADCT.

Há três grandes temas relativos à Lei Complementar n. 24/75 que merecem uma análise mais detida: (i) o âmbito de sua aplicação, isto é, que espécie de benefícios se submetem à sua sistemática; (ii) a forma prevista para a concessão desses benefícios; e (iii) as sanções previstas no caso de descumprimento das regras estabelecidas.

Neste tópico, será analisado o primeiro desses temas, ou seja, o âmbito de aplicação da Lei Complementar n. 24/75. A forma de concessão será analisada no capítulo 3, e as sanções, no capítulo 5.

3.1.3.2.1 Benefícios fiscais e benefícios financeiros

A Constituição reserva à lei complementar, como já foi explanado, a tarefa de regular a forma como os incentivos e benefícios fiscais relativos ao ICMS serão concedidos e revogados.

Mas, em que consistem, precisamente, os incentivos e benefícios fiscais?

Em uma primeira aproximação, podemos afirmar que os incentivos e benefícios fiscais pertencem ao subconjunto das normas tributárias que têm por objetivo desonerar, total ou parcialmente, a tributação que incidiria normalmente, caso concretizado o fato jurídico apto a instaurar a relação jurídica tributária.

Essa desoneração pode ocorrer por diversos motivos. São razões que interessam à política tributária e, portanto, informada por critérios extrajurídicos, cuja análise extrapola o objetivo deste trabalho.[95]

---

95. A título de exemplo, os incentivos e benefícios autorizados pelo CONFAZ normalmente podem ser agrupados em uma dessas espécies:

INCIDÊNCIA DO ICMS NAS OPERAÇÕES DE IMPORTAÇÃO

Anotamos que não conseguimos distinguir nenhuma nota que diferencie "incentivos" de "benefícios". A nosso ver, são sinônimos, ou seja, ostentam o sentido base acima referido, independentemente da espécie a que se refere (isenção, redução de base de cálculo, crédito presumido, etc.).

Dessa forma, utilizaremos apenas o termo *benefício fiscal* para delimitar o âmbito de aplicação da Lei Complementar n. 24/75.

De acordo com o disposto em seu art. 1º, a Lei Complementar n. 24/75 disciplina a forma como as "isenções do imposto sobre operações relativas à circulação de mercadorias serão concedidas ou revogadas nos termos de convênios celebrados e ratificados pelos Estados e pelo Distrito Federal".

O parágrafo único deste dispositivo acrescenta que ele também se aplica à redução da base de cálculo, à devolução do tributo, à concessão de créditos presumidos e a quaisquer outros incentivos fiscais ou financeiro-fiscais que impliquem em redução ou eliminação do imposto.

Alguns institutos, como a transação, moratória e parcelamento de débitos fiscais, também têm a sua concessão condicionada à prévia celebração de convênios entre as unidades federadas. É o que se pode depreender da leitura do art. 10 da Lei Complementar n. 24/75, que determina a edição de convênios para definir as condições específicas em que será possível

---

(i) Benefícios baseados no interesse econômico: desenvolvimento de setores estratégicos (industrial, agropecuário e tecnológico); desenvolvimento de regiões menos favorecidas; obras de infraestrutura (transporte, energia elétrica, gás, petróleo, comunicação);

(ii) Benefícios baseados no interesse social: atividades geradoras de empregos; fomento de atividades culturais e desportivas; mercadorias de interesse público (cesta básica, medicamentos, equipamentos médico-hospitalares, equipamentos para ensino e pesquisa);

(iii) Benefícios baseados na proteção ao meio-ambiente.

a concessão unilateral de anistia, remissão, transação, moratória, parcelamento de débitos fiscais e ampliação do prazo de recolhimento do imposto.

Paulo de Barros Carvalho salienta que os benefícios fiscais indicados nos dispositivos citados da Lei Complementar n. 24/75 são exemplos do que deve ser submetido à prévia celebração de convênio. Dessa forma, outros tipos de benefícios fiscais, ainda que ostentem nomes diversos, desde que relativos ao ICMS, também devem ser submetidos à mesma sistemática para a sua aprovação.[96]

Os benefícios financeiros, a princípio, não sofrem restrição para sua concessão, embora haja previsão nesse sentido em relação aos benefícios financeiro-fiscais que impliquem em redução ou eliminação do imposto na lei complementar.

José Souto Maior Borges faz a seguinte distinção entre benefícios fiscais e financeiros:

> O subsídio tributário é, como o subsídio financeiro, e em momento pré-jurídico, uma atribuição patrimonial a fundo perdido. Não podem, entretanto, ambas essas categorias específicas (tributária uma, financeira outra), ser submetidas a um regime jurídico unificado. A subvenção financeira resulta de um contrato translativo de dinheiro do domínio do Estado para o dos particulares, implicando de conseguinte um *dare*, ao contrário do que acontece com as subvenções tributárias, que implicam não-prestação do tributo, no todo ou em parte. Se financeiro, o incentivo envolve uma prestação pecuniária; se tributário, uma abstenção do dever de prestar. Os estímulos, subsídios ou subvenções financeiras atuam sob inspiração predominante do regime jurídico contratual de direito público. Por isso, a atuação estatal é, nos estímulos financeiros, *indireta*: dá-se por intermédio de

---

96. CARVALHO, Paulo de Barros. ICMS – incentivos – conflitos entre Estados – interpretação. *RDT*, São Paulo: Malheiros, n. 66, 1994, p. 103.

bancos oficiais, pela concessão de financiamentos, facilidades creditícias, redução de juros, etc. Do incentivo tributário resulta sempre e reversamente a exclusão total ou parcial da tributação. Quando se "renuncia" ao tributo, a receita sequer se efetiva. Não há ingresso público.[97]

Em uma apertada síntese, portanto, o benefício fiscal se caracteriza por ser vinculado ao tributo e por ser concedido antes do seu pagamento. O benefício financeiro, por sua vez, não é vinculado ao tributo, mas a receita tributária; é concedido, portanto, após o seu pagamento, com recursos orçamentários. A primeira espécie submete-se à prévia aprovação pelo conjunto dos Estados e do Distrito Federal; a segunda, não.

Porém, é necessário salientar que nem todos os benefícios que são denominados pela pessoa política concedente como financeiros realmente são distintos dos benefícios fiscais.

Em algumas hipóteses, as condições em que são concedidos tais benefícios desvirtuam a sua natureza jurídica. Somente com a análise do caso concreto poderá o intérprete afirmar, com segurança, se o benefício concedido tem natureza financeira ou fiscal.[98]

Entendemos que é critério hábil para firmar a natureza financeira do incentivo, no caso do ICMS, a total desvinculação com a liquidação da obrigação tributária relativa a esse imposto.[99]

Como foi explanado, o benefício fiscal atua em fase anterior ao surgimento da obrigação tributária. Nessa hipótese,

---

97. BORGES, José Souto Maior. A lei de responsabilidade fiscal (LRF) e sua inaplicabilidade a incentivos financeiros estaduais. *RDDT*, São Paulo: Dialética, n. 63, dez. 2000, p. 96-97.

98. CARVALHO, Osvaldo Santos de. "Guerra fiscal" no âmbito do ICMS. In: CAMPILONGO, Paulo Antonio Fernandes (Org.). *ICMS*. Aspectos jurídicos relevantes. São Paulo: Quartier Latin, 2008, p. 259.

99. CATÃO, Marcos André Vinhas. *Regime jurídico dos incentivos fiscais*. Rio de Janeiro: Renovar, 2004, p. 64.

o valor que seria devido em decorrência da incidência do tributo é diminuído, total ou parcialmente, em razão da concessão do benefício. A receita, nesse caso, não chega a ser auferida pelo ente concedente, ou é auferida em valor ao que seria devido se não existisse o benefício.

De forma diversa, o benefício financeiro é concedido com receitas já auferidas pelo ente concedente. Para tanto, deve fazer uso de valores que estão disponíveis no orçamento público para essa finalidade.

Assim, entendemos que não tem natureza de benefício financeiro aquele que é concedido de forma que diminua o valor do ICMS incidente em determinadas operações ou prestações. Nessa hipótese, estaremos diante de um benefício fiscal, travestido de benefício financeiro, e, como tal, deve se submeter ao processo de aprovação determinado pela Lei Complementar n. 24/75.

3.1.3.2.2 *Espécies de benefícios fiscais*

Feita a distinção dos benefícios financeiros, passamos a relacionar as diversas espécies de benefícios fiscais aplicáveis ao ICMS, todas elas com regime de aprovação submetida aos ditames da Lei Complementar n. 24/75.

3.1.3.2.2.1 Isenção

A doutrina construiu, ao longo dos anos, várias teorias para explicar o instituto da isenção, sendo que as mais relevantes são aquelas que tratam a isenção, como (i) dispensa legal do pagamento do tributo, (ii) hipótese de não-incidência legalmente qualificada e (iii) fato impeditivo que elide a eficácia da norma do tributo.[100]

---

100. CARVALHO, Paulo de Barros. *Curso de direito tributário*. 17. ed. São Paulo: Saraiva, 2005, p. 483 et seq.

O conceito de isenção como dispensa do pagamento do tributo devido é clássico em nossa doutrina. Rubens Gomes de Souza definia isenção como "favor fiscal concedido pela lei, que consiste em dispensa do pagamento de um tributo devido".[101]

Em outras palavras, ocorre o fato jurídico, instaurando-se o vínculo obrigacional para, em seguida, operar-se a dispensa do débito tributário por força da norma isentiva.[102]

Alfredo Augusto Becker desenvolveu a ideia de que a norma isentiva consiste em uma negação da norma jurídica que estabelece a tributação. De acordo com esse autor, "a realização da hipótese de incidência da regra jurídica de isenção faz que esta regra incida justamente para negar a existência de relação jurídica tributária".[103]

José Souto Maior Borges estudou o fenômeno da isenção a partir da noção de incidência e não-incidência da norma tributária. Para ele, a "incidência supõe a regra jurídica e o fato, ou fatos sobre os quais ela incida, tornando-os fatos jurídicos". Portanto, "a incidência jurídica do tributo pressupõe a inclusão de determinado fato no campo da regra jurídica de tributação".[104]

A não-incidência, por sua vez, pode ser "pura e simples", referindo-se "a fatos inteiramente estranhos à regra jurídica de tributação, a circunstâncias que se colocam fora da competência do ente tributante". A norma jurídica trata dessas hipóteses de não-incidência "apenas para deixar claro que esses fatos não são relevantes" juridicamente.[105]

---

101. SOUZA, Rubens Gomes de. *Compêndio de legislação tributária*. Edição póstuma. São Paulo: Resenha Tributária, 1975, p. 97.

102. CARVALHO, Paulo de Barros. *Curso de direito tributário*. 17. ed. São Paulo: Saraiva, 2005, p. 484.

103. BECKER, Alfredo Augusto. *Teoria geral do direito tributário*. 5. ed. São Paulo: Noeses, 2010, p. 327.

104. BORGES, José Souto Maior. *Teoria geral da isenção tributária*. 3. ed. São Paulo: Malheiros, 2001, p. 179 e 185.

105. Ibid., p. 155, 185.

A não-incidência pode ser, também, "qualificada" pela norma jurídica, sendo possível dividi-la em: (i) "não-incidência por determinação constitucional ou imunidade tributária" e (ii) não-incidência decorrente de lei ordinária – a regra jurídica de isenção".[106] Em suma, para esse autor, isenção é hipótese de não-incidência legalmente qualificada.[107]

A terceira corrente teórica "enxerga a isenção como fato impeditivo, encartado normativamente na regra isencional, e que teria a virtude de impedir que certas situações fossem atingidas pelo impacto da norma que institui o tributo."[108]

As críticas tecidas por Paulo de Barros Carvalho sobre essas teorias são consistentes. A teoria da isenção como dispensa do pagamento devido tem como pressuposto uma injustificável cronologia na atuação da regra-matriz e da regra isentiva: em primeiro lugar, incidiria a regra-matriz (o que implica na constituição da obrigação tributária) e, no momento seguinte, a norma isentiva, desonerando o obrigado. Equivale, portanto, "a atribuir maior velocidade à regra-matriz de incidência tributária, que chegaria primeiro ao evento, de tal sorte que, quando chegasse a norma de isenção, o acontecimento do mundo real já se encontraria juridicizado."[109]

A ideia formulada por Becker incorre no mesmo erro, embora, de forma inversa à teoria precedente, "outorga maior celeridade ao processo de percussão do preceito isencional, que deixa para trás a norma do tributo, na caça ao acontecimento do mundo físico exterior."[110]

---

106. BORGES, José Souto Maior. *Teoria geral da isenção tributária*. 3. ed. São Paulo: Malheiros, 2001, p. 155.

107. CARVALHO, Paulo de Barros. *Curso de direito tributário*. 17. ed. São Paulo: Saraiva, 2005, p. 485.

108. Ibid., loc. cit.

109. Ibid., loc. cit.

110. Ibid., p. 487.

INCIDÊNCIA DO ICMS NAS OPERAÇÕES DE IMPORTAÇÃO

Essa mesma ideia, ou seja, a maior rapidez da regra isentiva em relação à regra de tributação também está subjacente na teoria que vê a isenção como uma hipótese de não-incidência legalmente qualificada.[111]

Finalmente, a teoria do fato impeditivo também não está isenta de críticas. A premissa de que o antecedente da regra isencional é mais complexo que o suposto da regra-matriz não se verifica. Na verdade, a norma isencional tem âmbito mais restrito que a norma de incidência.[112]

De acordo com Paulo de Barros Carvalho, as isenções são mandamentos que atingem outras normas, que são as de conduta, nas quais se expede um comando voltado a disciplinar o comportamento das pessoas. Normas de isenção pertencem, portanto, à classe das regras de estrutura, que intrometem modificações no âmbito da regra-matriz de incidência tributária (normas de conduta).[113]

A regra de isenção investe contra um ou mais dos critérios da regra-matriz de incidência, mutilando-os parcialmente. Subtrai parcela do campo de abrangência do critério do antecedente ou do consequente, atingindo: (i) o critério material (desqualificação do verbo ou subtração do complemento); (ii) o critério espacial; (iii) o critério temporal; (iv) o critério pessoal (sujeito ativo ou sujeito passivo); (v) o critério quantitativo (base de cálculo ou alíquota).[114]

A mutilação a que se refere o citado autor é apenas uma metáfora.[115] O que existe, na realidade jurídica, é a construção de uma nova norma jurídica pelo intérprete (RMIT[2]),

---

111. CARVALHO, Paulo de Barros. *Curso de direito tributário*. 17. ed. São Paulo: Saraiva, 2005, p. 488.
112. Ibid., loc. cit.
113. Ibid., p. 488 et seq.
114. Ibid., loc. cit.
115. O que em nada desmerece a teoria.

por meio do entrechoque de duas outras normas (a RMIT[1] e a regra de isenção).

Portanto, a nova regra-matriz (RMIT[2]) é resultante do processo de construção de sentido levado a cabo pelo intérprete, pelo amálgama de duas outras normas (RMIT[1] e a regra de isenção).[116] A incidência será, portanto, dessa nova norma, a RMIT[2], e não mais da RMIT[1].[117]

3.1.3.2.2.2 *Redução de base de cálculo*

A quantia devida a título de tributo é obtida pela conjugação de duas entidades: a base de cálculo e a alíquota. A primeira "é a grandeza instituída na consequência da regra-matriz tributária, e que se destina, primordialmente a dimensionar a intensidade do comportamento inserto no núcleo do fato jurídico, para que, combinando-se à alíquota, seja determinado o valor da prestação pecuniária".[118]

A base de cálculo tem por função, em primeiro lugar, a mensuração da intensidade do fato. No exercício de sua competência tributária, o legislador escolhe, dentre os atributos valorativos do fato, aquele que servirá de suporte para "anunciar a grandeza efetiva do evento". O espaço de liberdade do legislador, nesse caso, é muito amplo, sendo apenas limitado às qualidades possíveis do fato, sendo-lhe defeso buscar propriedades estranhas ou incompatíveis com a sua natureza.[119]

---

116. Sobre o percurso de construção de sentido cf. CARVALHO, Paulo de Barros. *Curso de direito tributário*. 17. ed. São Paulo: Saraiva, 2005, p. 109 et seq.
117. Nesse sentido, a exposição da ideia contida em trabalho ainda inédito de Eliud José Pinto da Costa apud CARRAZZA, Roque Antonio. *Curso de direito constitucional tributário*. 22. ed. São Paulo: Malheiros, 2006, p. 827-829.
118. CARVALHO, op. cit., p. 331-332.
119. Ibid., p. 332.

INCIDÊNCIA DO ICMS NAS OPERAÇÕES DE IMPORTAÇÃO

A outra função é "compor a específica determinação da dívida". Após a escolha dos atributos que servirão para mensurar as reais proporções do fato, "a próxima providência é apontar o fator que, ao ser unido a ela, determina o valor da prestação pecuniária que poderá ser exigida do sujeito passivo".[120]

A última função da base de cálculo é "confirmar, infirmar ou afirmar o verdadeiro critério material da hipótese tributária". Em outras palavras, para se determinar a natureza jurídica do tributo, ou seja, se é imposto, taxa ou contribuição de melhoria, não basta a descrição hipotética do fato jurídico tributário (hipótese de incidência), sendo necessário cotejar, também, a base de cálculo.[121]

A adoção desse critério justifica-se por se tratar de diretriz constitucional firmada no momento em que foi traçada a divisão de competência tributária, de importância capital para preservar o princípio federativo, bem como pela sua simplicidade e operatividade.

Enfim, congregada com a alíquota, a base de cálculo permite conhecer o valor que deve ser exigido do sujeito passivo, em razão do cumprimento da obrigação jurídica instaurada pelo fato tributário.

No caso do ICMS, a Lei Complementar n. 87/96, como já apontado, disciplina a matéria nos arts. 13 a 18. O assunto é complexo, mas, em apertada síntese, podemos afirmar que, por ser imposto que incide sobre operações relativas à circulação de mercadorias e sobre a prestação de determinados serviços (de comunicação e de transporte interestadual e intermunicipal), a base de cálculo será, respectivamente, o valor da operação com a mercadoria e o valor da prestação do serviço.

---

120. CARVALHO, Paulo de Barros. *Curso de direito tributário*. 17. ed. São Paulo: Saraiva, 2005, p. 333.
121. Ibid., p. 334.

A redução de base de cálculo, assim como a isenção, introduz modificações na estrutura lógica da regra-matriz. Desta vez, contudo, a modificação somente se opera na base de cálculo. Para facilitar a compreensão, podemos imaginar uma operação cujo valor seja igual a R$ 5.000,00 e a alíquota a ela aplicável seja igual a 12%. Na primeira coluna, o cálculo é feito normalmente e, na segunda, com redução da base de cálculo em 20%:

Base de cálculo sem redução	Base de cálculo reduzida
Base de cálculo (valor da operação) = R$ 5.000,00.	Base de cálculo reduzida em 20% = R$ 4.000,00.
ICMS devido: R$ 5.000,00 x 12% = R$ 600,00.	ICMS devido: R$ 4.000,00 x 12% = R$ 480,00.
Equivale a aplicação da alíquota "cheia" = 12%.	Equivale à aplicação de uma alíquota "efetiva" = 9,6%.

Como se pode verificar, a redução da base de cálculo equivale matematicamente a reduzir a alíquota incidente na operação.[122]

A hipótese de isenção e não-incidência do ICMS, por determinação constitucional (alíneas "a" e "b" do inciso II do § 2º do artigo 155), salvo disposição legal em contrário, não implicará crédito para compensação com o montante devido nas operações ou prestações seguintes e acarretará a anulação do crédito relativo às operações anteriores. O mesmo tratamento aplica-se às reduções de base de cálculo, conforme

---

122. Como fica evidente, por exemplo, na redação da cláusula primeira do Convênio ICMS 75/91: "Fica reduzida, até 31 de dezembro de 1992, a base de cálculo do Imposto sobre Operações Relativas à Circulação de Mercadorias e sobre Prestações de Serviços de Transporte Interestadual e Intermunicipal e de Comunicação – ICMS, nas operações com os seguintes produtos, de forma que a carga tributária seja equivalente a 4% (quatro por cento)".

INCIDÊNCIA DO ICMS NAS OPERAÇÕES DE IMPORTAÇÃO

o entendimento do Supremo Tribunal Federal, o que tem gerado acerbadas críticas por parte da doutrina.

Até um determinado momento, o STF entendia que os citados preceitos constitucionais "somente têm pertinência em caso de isenção ou não-incidência, no que voltadas à totalidade do tributo". Dessa forma, por ser instituto inconfundível com a isenção ou a não-incidência, "a diminuição valorativa da base de incidência não autoriza, sob o ângulo constitucional, tal proibição".[123]

Anotamos que essa decisão foi proferida por maioria. Nesse julgamento, o Min. Ilmar Galvão deixou assentado o seu entendimento que o benefício em questão era uma "isenção parcial de imposto, concedida por via da redução da respectiva base de cálculo". Contudo, prevaleceu a posição do Min. Marco Aurélio, relator do processo.

Posteriormente, ao analisar caso semelhante, o Min. Marco Aurélio, novamente na posição de relator, adotou o mesmo entendimento anteriormente exarado, ou seja, que redução de base de cálculo e isenção são institutos diversos. Dessa feita, contudo, prevaleceu o entendimento do Min. Cezar Peluso[124], que, nos debates, firmou o conceito de redução de base de cálculo como equivalente a isenção parcial porque "impede a incidência da regra-matriz de incidência tributária na sua totalidade".[125]

Em consequência desse entendimento, o adquirente da mercadoria, ou o tomador do serviço, cuja operação ou prestação estão amparadas por redução da base de cálculo, devem escriturar somente o valor do imposto efetivo relativo a essa

---

123. RE 161.031/MG, Pleno, Rel. Min. Marco Aurélio, DJ 06/06/1997.
124. Os demais Ministros presentes votaram no mesmo sentido: Joaquim Barbosa, Ellen Gracie, Sepúlveda Pertence e Nelson Jobim.
125. RE 174478/SP, Pleno, Rel. (para o acórdão) Min. Cezar Peluso, DJ 30/09/2005.

operação ou prestação. Além disso, o remetente ou prestador devem estornar parcialmente o crédito relativo às operações e prestações anteriores.

A decisão do STF recebeu severas críticas, amparadas em doutrina que não admite a equiparação entre os institutos da isenção e da redução de base de cálculo:

> Não confundamos subtração do campo de abrangência do critério da hipótese ou da consequência com mera redução da base de cálculo ou da alíquota, sem anulá-las. A diminuição que se processa no critério quantitativo, mas que não conduz ao desaparecimento do objeto, não é isenção, traduzindo singela providência modificativa que reduz o *quantum* do tributo que deve ser pago.[126]

Recentemente, por iniciativa do Min. Gilmar Mendes, o STF reconheceu a existência de repercussão geral da questão constitucional suscitada, ou seja, a aplicabilidade do disposto nas alíneas "a" e "b" do inciso II do § 2º do artigo 155 na hipótese de redução de base de cálculo, uma vez que foi constatada a existência de decisões posteriores em sentido contrário a esse entendimento (RE 239.632, Rel. Min. Eros Grau, DJ 3.2.2006).[127]

3.1.3.2.2.3 *Crédito presumido*

Outra forma usualmente utilizada pelos Estados e Distrito Federal para a concessão de benefícios são os créditos presumidos. Os créditos presumidos podem ser utilizados

---

126. CARVALHO, Paulo de Barros. *Curso de direito tributário*. 17. ed. São Paulo: Saraiva, 2005, p. 496. No mesmo sentido: MOREIRA, André Mendes. *A não-cumulatividade dos tributos*. São Paulo: Noeses, 2010, p. 171-172.
127. AI 768491/RS, Rel. Min. Gilmar Mendes, DJ 23.11.2010.

como uma alternativa à técnica de crédito e débito utilizada para operacionalizar a não-cumulatividade do ICMS, funcionando de maneira análoga ao lucro presumido do Imposto de Renda. Em algumas operações, a legislação confere ao sujeito passivo a opção de creditar de um valor presumido o que, em regra, implica vedação ao aproveitamento de quaisquer outros créditos.

Segundo José Souto Maior Borges, a concessão de crédito presumido encontra seu fundamento de validade no art. 155, § 2º, XII, "a", da Constituição, que reserva à lei complementar a disciplina do regime de compensação do ICMS: "na competência para compensar está contido o poder (competência) para conceder crédito presumido".[128]

Normalmente, o valor do crédito presumido é calculado pela aplicação de uma determinada alíquota sobre valor do imposto devido na operação. Imaginemos, desta feita, uma operação cujo valor seja igual a R$ 5.000,00 e a alíquota a ela aplicável seja igual a 12%. Na primeira coluna, a apuração é feita normalmente e, na segunda, com a utilização de crédito presumido equivalente a 20% sobre o imposto devido na operação:

Apuração normal	Apuração com crédito presumido (20% sobre o ICMS devido)
Base de cálculo (valor da operação) = R$ 5.000,00	Base de cálculo (valor da operação) = R$ 5.000,00
ICMS devido: R$ 5.000,00 x 12% = R$ 600,00	ICMS devido: R$ 4.000,00 x 12% = R$ 480,00
	Valor efetivamente recolhido = R$ 480,00 (R$ 600,00 – R$ 120,00)

---

128. BORGES, José Souto Maior. A lei de responsabilidade fiscal (LRF) e sua inaplicabilidade a incentivos financeiros estaduais. *RDDT*, São Paulo: Dialética, n. 63, dez. 2000, p. 94.

LUCIANO GARCIA MIGUEL

Não se aplica essa regra se houver convênio com a Secretaria da Receita Federal do Brasil (RFB) para débito automático do imposto em conta bancária indicada pelo importador. Cf. art. 53 da Instrução Normativa SRF (RFB) 680/2006.

Em termos estritos, o crédito presumido não seria, propriamente, um benefício fiscal, mas apenas uma técnica diversa de operacionalização do princípio da não-cumulatividade, assim como a sistemática do lucro presumido também não pode ser considerada um benefício, mas apenas uma técnica de apuração do lucro.

Ocorre que, dependendo da forma como a legislação determina que seja efetuado o seu cálculo, o crédito presumido pode se revestir de benefício para o contribuinte. Além disso, há casos em que é simplesmente conferido ao contribuinte o direito a se creditar de um determinado valor, hipótese que preferimos denominar de crédito outorgado. É por essa razão que, por disposição expressa da Lei Complementar 24/75, o crédito presumido é considerado uma forma de benefício fiscal.

3.1.3.2.2.4 *Anistia, remissão, transação, moratória, parcelamento e ampliação do prazo de recolhimento do imposto*

Como foi apontado, o art. 10 da Lei Complementar n. 24/75 estabelece que as unidades federadas devam celebrar convênios para definir as condições específicas em que será possível a concessão unilateral de anistia, remissão, transação, moratória, parcelamento de débitos fiscais e ampliação do prazo de recolhimento do imposto.

O Convênio ICM 24/75 tem essa finalidade. Contudo, encontra-se em grande parte superado, razão pela qual há um grande número de convênios aprovados autorizando a concessão de anistia, remissão, parcelamentos, etc.

INCIDÊNCIA DO ICMS NAS OPERAÇÕES DE IMPORTAÇÃO

Anistia é o perdão da falta cometida pelo infrator, seja pelo descumprimento da obrigação tributária, seja pelo descumprimento de um dever instrumental. Dispensado o dever jurídico de prestar o valor da penalidade pecuniária, desaparece o direito subjetivo correlato, extinguindo-se a relação jurídica sancionatória. Tal efeito, contudo, deixa intacta a relação jurídica tributária propriamente dita, remanescendo o crédito do tributo e seu correspondente débito.[129]

Apesar de apresentar grande similaridade com a remissão, com esta não se confunde. Remissão é o perdão do débito tributário. A dispensa do débito, se for total, implica na extinção da relação jurídica tributária propriamente dita, de forma diversa, portanto, da anistia.[130]

Anotamos que tanto a anistia como a remissão podem ser totais ou parciais. Em outras palavras: é possível perdoar total ou parcialmente a multa decorrente do ilícito tributário, bem como perdoar total ou parcialmente o próprio débito tributário.

A cláusula quarta do Convênio ICM 24/75 estabelece que poderão ser anistiados ou remitidos (i) "os créditos tributários de responsabilidade de contribuintes vítimas de calamidade pública, assim declarada por ato expresso da autoridade competente", (ii) "os créditos tributários que não sejam superiores a R$ 300,00 (trezentos reais)" e (iii) "as parcelas de juros e multas sobre os créditos tributários de responsabilidade de contribuintes, cuja exigibilidade somente tenha sido definida a favor do Estado depois de decisões judiciais contraditórias".

---

129. CARVALHO, Paulo de Barros. *Curso de direito tributário*. 17. ed. São Paulo: Saraiva, 2005, p. 500.
130. Ibid., p. 501.

A moratória (assim como o parcelamento, que, como aponta a doutrina, é espécie do gênero *moratória*) é causa de suspensão da exigibilidade do crédito do imposto.

A moratória pode ser definida como "um fator ampliativo do prazo para que certa e determinada dívida venha a ser paga, por sujeito passivo individualizado, de uma só vez ou em parcelas".[131]

Paulo de Barros Carvalho observa que a ampliação do prazo de implemento das prestações não é ato vinculado, que deve obedecer à disciplina da lei, e não ato discricionário, celerado pela autoridade administrativa de acordo com critérios de conveniência e oportunidade.[132]

Quanto à moratória e ao parcelamento, a cláusula segunda do Convênio ICM 24/75 faculta: (i) "reabrir o prazo de pagamento do imposto vencido, sem quaisquer acréscimos, aos contribuintes vítimas de calamidade pública, assim declarada por ato expresso da autoridade competente" e (ii) "conceder parcelamento de créditos tributários [...] em até 60 (sessenta) prestações mensais, iguais e sucessivas, acrescidos de multa, juros e correção monetária sobre as prestações vincendas".

O prazo de recolhimento do ICMS está previsto na cláusula primeira do Convênio ICM 38/88: (i) "para os industriais, em até o décimo dia do segundo mês subsequente àquele em que tenha ocorrido o fato gerador;" e (ii) "para os comerciantes, em até o vigésimo dia do mês subsequente àquele em que tenha ocorrido o fato gerador."

Anotamos que o diferimento não é tecnicamente um benefício, pois apenas transfere o pagamento do imposto devido para uma etapa posterior.

---

131. CARVALHO, Paulo de Barros. *Curso de direito tributário*. 17. ed. São Paulo: Saraiva, 2005, p. 443.
132. Ibid., p. 445.

INCIDÊNCIA DO ICMS NAS OPERAÇÕES DE IMPORTAÇÃO

O diferimento é um importante instrumento de administração tributária e tem por objetivo principal evitar a tributação em momentos que não são considerados convenientes para a Administração tributária.[133]

3.2 Resoluções do Senado relativas ao ICMS

As resoluções do Senado, assim como as do Congresso Nacional, ainda que não sejam leis em sentido estrito, revestem-se do *status* jurídico próprio deste diploma, atuando nos setores demarcados pela Constituição, sendo também instrumentos primários de introdução de normas jurídicas tributárias.[134]

A Constituição não estabelece o procedimento que deve ser adotado na elaboração dessa espécie normativa, cabendo ao regimento interno do Senado a sua disciplina. [135]

Não há participação do Presidente da República no processo de elaboração legislativa e, portanto, inexiste nessa hipótese a figura do veto e da sanção, cabendo ao Presidente do Senado promulgar as resoluções e determinar a sua publicação.[136]

De acordo com a Constituição, cabe ao Senado:

(i) obrigatoriamente, editar resolução, de iniciativa do Presidente da República ou de um terço dos Senadores, aprovada pela maioria absoluta de seus membros, para estabelecer

---

133. Exemplos: diferimento nas operações praticadas por produtores rurais; diferimento nas sucessivas operações com energia elétrica; diferimento em algumas operações que destinem mercadorias a serem industrializadas.
134. CARVALHO, Paulo de Barros. *Curso de direito tributário*. 17. ed. São Paulo: Saraiva, 2005, p. 74.
135. MORAES, Alexandre. *Direito constitucional*. 10. ed. São Paulo: Atlas, 2001, p. 562-563.
136. Art. 48, XXVIII, do Regimento Interno do Senado Federal.

as alíquotas aplicáveis às operações e prestações, interestaduais e de exportação (art. 155, § 2º, IV);

(ii) facultativamente, estabelecer alíquotas mínimas nas operações internas, mediante resolução de iniciativa de um terço e aprovada pela maioria absoluta de seus membros (art. 155, § 2º, V, "a");

(iii) facultativamente, fixar alíquotas máximas nas mesmas operações para resolver conflito específico que envolva interesse de Estados, mediante resolução de iniciativa da maioria absoluta e aprovada por dois terços de seus membros (art. 155, § 2º, V, "b").

De acordo com o seu Regimento Interno, as decisões do Senado Federal a que se referem essas matérias terão a tramitação regimental prevista para os demais projetos de resolução.[137]

A Resolução n. 22, de 1989, editada com fundamento no art. 155, § 2º, IV, fixa a alíquota do ICMS nas operações e prestações interestaduais entre contribuintes, da seguinte forma:

(i) 7% (sete por cento) nas operações e prestações com origem nos Estados situados nas Regiões Sul e Sudeste (exceto o Espírito Santo), com destino ao Distrito Federal e aos Estados situados nas Regiões Norte, Nordeste, Centro-Oeste e Espírito Santo;

(ii) 12% (doze por cento) nas demais hipóteses.

A resolução que fixa a alíquota para as operações e prestações interestaduais é de grande importância, uma vez que é esse ato que estabelece a partilha entre os Estados de origem e de destino do ICMS incidente nas operações interestaduais entre contribuintes.

---

137. Art. 395 do Regimento Interno do Senado Federal.

INCIDÊNCIA DO ICMS NAS OPERAÇÕES DE IMPORTAÇÃO

O Brasil adotou o denominado sistema misto nas operações e prestações interestaduais com ICMS, ou seja, uma parte do imposto incidente na operação pertence ao Estado de origem e uma parte ao Estado de destino.

A alíquota base nas operações e prestações interestaduais é de 12%, sendo aplicável a alíquota de 7% somente nas operações especificadas. Em uma apertada síntese, essa diferença de alíquotas é justificada pela necessidade de equalização de receitas entre regiões mais e menos desenvolvidas economicamente.

As operações e prestações que tenham origem em um Estado considerado desenvolvido economicamente e destino para um Estado considerado menos desenvolvido são tributadas com alíquotas de 7%. O valor a ser creditado pelo adquirente do Estado de destino será equivalente a 7% do valor da operação, o que equivale a dizer que será utilizado um valor menor a ser abatido nas operações seguintes, se comparado com as operações tributadas a 12%.

Assim, quanto menor a alíquota da operação e prestação interestadual, menor será o valor tributado pela origem. Paralelamente, menor também será o valor creditado pelo adquirente no destino, o que significa, em última análise, uma maior concentração do valor tributável.

Na situação limite, ou seja, não ocorrendo tributação do ICMS nas operações e prestações interestaduais entre contribuintes, todo o valor relativo às operações seguintes pertencerá ao Estado de destino, uma vez que inexistirá crédito a ser abatido em relação às operações anteriores.

Também com fundamento no art. 155, § 2º, IV da Constituição, o Senado editou a Resolução n. 95, de 1996 que fixa a alíquota de 4% (quatro por cento) na prestação de transporte aéreo interestadual de passageiro, carga e mala postal.

O ato mais recente do Senado Federal é a Resolução n. 13, de 2012 que estabeleceu a alíquota de 4% (quatro por cento) nas operações interestaduais com bens e mercadorias importados do exterior.

Até o momento não foram editadas resoluções com base no art. 155, § 2º, V, "a" e "b" da Constituição, com a finalidade de estabelecer alíquotas mínimas e máximas nas operações internas (estas últimas somente com a finalidade de "resolver conflito específico que envolva interesse de Estados").

Anotamos que o texto constitucional faculta ao Senado estabelecer essas alíquotas somente para as operações interestaduais, o que afasta, dessa forma, as alíquotas relativas às prestações dos serviços que estão no campo de incidência do ICMS.

4

ATOS EXPEDIDOS PELO CONFAZ E PELAS LEGISLAÇÕES INTERNAS DOS ESTADOS E DO DISTRITO FEDERAL

Como foi demonstrado, o ICMS é imposto de caráter nacional. Essa característica básica se deve fundamentalmente a dois fatores: (i) as operações com mercadorias e a prestação de serviços de comunicação e de transporte muitas vezes têm início em uma unidade da Federação, mas têm o seu término em outra; (ii) a incidência do ICMS nas operações interestaduais, em observância ao princípio da não-cumulatividade, implica aceitação recíproca dos créditos entre os Estados de origem e de destino.

Além disso, por ser um imposto não-cumulativo, o ICMS ostenta a característica da neutralidade, uma vez que essa espécie tributária tende a onerar igualmente cadeias produtivas independentemente da existência de operações interestaduais.

Essas premissas nos levam a considerar que a operacionalidade do ICMS depende de uma legislação harmônica. Tal fato não passou despercebido do legislador constitucional que, aproveitando a experiência da Constituição anterior, definiu as regras básicas que conferem a estrutura jurídica do ICMS.

Essa estrutura homogênea é assegurada, também, em sede constitucional, pela reserva de matérias importantíssimas a resoluções do Senado ou a leis complementares, figuras legislativas de âmbito nacional.

Analisaremos, neste capítulo, as normas relativas ao ICMS inseridas no ordenamento pelos Estados e pelo Distrito Federal, seja de forma conjunta (pelo colegiado dessas pessoas políticas) ou de forma unilateral.

4.1 Estrutura e competência do CONFAZ

A Lei Complementar n. 24/75, em seus artigos, 1° a 7°, define que as isenções do ICMS serão concedidas ou revogadas nos termos de convênios celebrados e ratificados pelos Estados e pelo Distrito Federal, aplicando-se suas disposições a quaisquer outros incentivos ou benefícios fiscais relativos a este tributo, tais como redução de base de cálculo ou concessão de créditos presumidos.

O órgão que ficou responsável para a aprovação dos convênios exigidos pela Constituição e pela Lei Complementar n. 24/75 é o Conselho Nacional de Política Fazendária (CONFAZ), constituído por um representante de cada Estado e Distrito Federal e um representante do Governo Federal.

De acordo com o seu regimento, este órgão tem por finalidade celebrar convênios, ajustes ou protocolos, com a seguinte finalidade:[138]

(i) promover a celebração de convênios, para efeito de concessão ou revogação de isenções, incentivos e benefícios fiscais do ICMS;

---

138. O Convênio ICMS 133/97 aprova o Regimento do Conselho Nacional de Política Fazendária – CONFAZ.

INCIDÊNCIA DO ICMS NAS OPERAÇÕES DE IMPORTAÇÃO

(ii) promover a celebração de atos visando ao exercício das prerrogativas previstas nos arts. 102 e 199 do CTN, como também sobre outras matérias de interesse dos Estados e do Distrito Federal;

(iii) sugerir medidas com vistas à simplificação e à harmonização de exigências legais;

(iv) promover a gestão do Sistema Nacional Integrado de Informações Econômico-Fiscais – SINIEF, para a coleta, elaboração e distribuição de dados básicos essenciais à formulação de políticas econômico-fiscais e ao aperfeiçoamento permanente das administrações tributárias.

Como se pode observar, a competência do CONFAZ vai muito além da aprovação de convênios que dispõem sobre benefícios fiscais relativos ao ICMS. A realização dos trabalhos relacionados com a política e a administração do ICMS, visando ao estabelecimento de medidas uniformes e harmônicas no tratamento do referido imposto em todo o território nacional, foi confiado pelo CONFAZ à Comissão Técnica Permanente do ICMS – COTEPE/ICMS, com sede no Distrito Federal, e constituída por representantes do Ministério da Fazenda e um representante do Distrito Federal e de cada Estado.

A estrutura da COTEPE, atualmente, é complexa. A coordenação dos trabalhos, apesar de formalmente delegada a um presidente, é exercida pela Secretaria Executiva com a colaboração dos representantes dos Estados e do Distrito Federal, que se reúnem em datas previamente acordadas, para deliberar sobre as matérias a ela submetidas.

Porém, antes da reunião do plenário da COTEPE, as matérias são analisadas por grupos e subgrupos de trabalho, compostos por especialistas na matéria indicados pelos representantes dos Estados e do Distrito Federal, em reunião em datas previamente acordadas.

Como se pode notar, há uma grande estrutura legal e administrativa relacionada à manutenção da harmonização da legislação tributária do ICMS. Fosse ela respeitada, não teria se instaurado a deletéria prática conhecida como "guerra fiscal", que a todos prejudica.

4.1.2 Atos expedidos pelo CONFAZ

Tem-se por pressuposto que no princípio federativo, os convênios, ajustes e protocolos são celebrados em absoluto estado de igualdade de condições entre os Estados e o Distrito Federal no âmbito do CONFAZ, o que pode levar à conclusão de que esses atos têm natureza contratual.

No âmbito do direito administrativo, convênios são acordos celebrados por entidades públicas, entre si ou com organizações privadas, para realização de objetivos de interesse comum dos partícipes. Na formação do convênio, está presente o mútuo consentimento dos partícipes, tal como no contrato, mas com este não se confunde. No contrato, há sempre duas partes, com interesses diversos, uma que pretende o objeto do ajuste e outra que pretende a contraprestação correspondente; no convênio, os partícipes têm interesses comuns e coincidentes. Convênio, portanto, é acordo, mas não é contrato. Essa é a opinião, bem fundamentada, de Maria Sylvia Zanella Di Pietro[139].

Devemos observar que os convênios celebrados no CONFAZ nem sempre se revestem dos elementos típicos da figura definida pelo direito administrativo, ou seja, a realização de objetivos comuns, mediante mútua colaboração.

4.1.2.1 Convênios relativos a benefícios fiscais

Em primeiro lugar, temos os convênios celebrados para

---

139. DI PIETRO, Maria Sylvia Zanella. *Direito administrativo*. 12. ed. São Paulo: Atlas, 2000, p. 284.

INCIDÊNCIA DO ICMS NAS OPERAÇÕES DE IMPORTAÇÃO

efeito de concessão ou revogação de isenções, incentivos e benefícios fiscais relativos ao ICMS, por exigência expressa da Constituição e da Lei Complementar n. 24/75.

A sistemática prevista no estatuto complementar, em síntese, é a seguinte:

(i) as isenções do ICMS serão concedidas ou revogadas nos termos de convênios celebrados e ratificados pelos Estados e pelo Distrito Federal, aplicando-se suas disposições a quaisquer outros incentivos ou benefícios fiscais relativos a este tributo, tais como redução de base de cálculo ou concessão de créditos presumidos (art. 1º);

(ii) esses convênios serão celebrados em reuniões para as quais tenham sido convocados representantes de todos os Estados e do Distrito Federal, exigindo-se a presença da maioria desses representantes (art. 2º, § 1º);

(iii) a concessão de benefícios dependerá sempre de decisão unânime das unidades federadas representadas e a sua revogação total ou parcial dependerá de aprovação de quatro quintos, pelo menos, dos representantes presentes (art. 2º, § 2º);

(iv) os convênios podem dispor que a aplicação de qualquer de suas cláusulas seja limitada a uma ou a algumas unidades da Federação (art. 3º);

(v) dentro do prazo de quinze dias contados da publicação dos convênios no Diário Oficial da União, o Poder Executivo de cada unidade federada publicará decreto ratificando ou não os convênios celebrados, considerando-se ratificação tácita dos convênios a falta de manifestação neste prazo (art. 4º);

(vi) os convênios ratificados obrigam todas as unidades da Federação, inclusive as que não se tenham feito representar na reunião (art. 7º).

Sublinhamos que, por disposição expressa da Constituição e da Lei Complementar n. 24/75, não somente as isenções, mas todos os incentivos e benefícios fiscais relativos ao ICMS devem ser submetidos à aprovação prévia do CONFAZ.

Ressaltamos que, nessa hipótese, os convênios celebrados entre os Estados e o Distrito Federal não têm por finalidade a realização de objetivos comuns, mediante mútua colaboração, mas a concessão ou a revogação de benefícios fiscais relativos ao ICMS.

A doutrina brasileira, cita Heron Arzua, sempre entendeu que a ratificação dos convênios aprovados pelo CONFAZ, por meio de decreto do Poder Executivo, representa uma ofensa ao princípio da legalidade e da separação de Poderes. Esse tema será estudado com maiores detalhes, mas o que importa, nesse momento, é a conclusão desse autor, que o incentivo fiscal relativo ao ICMS depende de "convênio autorizativo dos Estados, em decisão unânime" e de "lei estadual da Unidade concedente".[140]

Visto sob esse ângulo, o convênio é um ato administrativo prévio, autorizativo, para a concessão de benefícios fiscais relativos ao ICMS. Nesse caso, insere-se no *iter* do processo legislativo, como condição prévia para a introdução da norma jurídica concessiva de benefício fiscal do ICMS no ordenamento jurídico dos Estados e do Distrito Federal. A sua inobservância retira o fundamento de validade da norma, não pela ilegitimidade do órgão que a expediu, mas pela desobediência do procedimento previsto no ordenamento jurídico para a sua produção.

Como decorrência lógica, a revogação do benefício pode ser feita de forma unilateral pelo Estado ou pelo Distrito

---

140. ARZUA, Heron. ICMS – caráter nacional – guerra fiscal e seus mecanismos de atuação. O regime dos incentivos fiscais no ICMS. *RDT*, São Paulo: Malheiros, n. 81, 2001, p. 208-209.

INCIDÊNCIA DO ICMS NAS OPERAÇÕES DE IMPORTAÇÃO

Federal. Se o convênio apenas autoriza a introdução de norma isentiva na legislação local, a pessoa política que tem a competência para introduzir ou não o preceito isentivo também tem, por corolário, competência para revogá-lo.[141]

Não é esse, contudo, o nosso entendimento. A Constituição reservou à lei complementar a tarefa de regular a forma como os benefícios fiscais relativos ao ICMS serão concedidos e revogados e não como será autorizada a sua concessão ou revogação.

A Lei Complementar n. 24/75, na mesma linha, dispõe sobre os convênios para a concessão (e revogação) de isenções (e outros benefícios) relativos ao ICMS, e não sobre a autorização para a concessão e revogação desses benefícios.

É por essa razão que, não obstante ser comum no âmbito do CONFAZ a aprovação de convênios que autorizam os Estados e o Distrito Federal a conceder determinados benefícios, pensamos que os convênios são (ou ao menos deveriam ser) sempre impositivos.

A concessão do benefício se esgota, portanto, com a ratificação do convênio, que marca o fim do processo de introdução dessa norma no ordenamento jurídico. Em consequência, a razão pela qual o benefício fiscal relativo ao ICMS concedido de forma unilateral é inconstitucional não está na ausência de prévia autorização do CONFAZ, mas no fato de inexistir competência singular para essa concessão.

Essa competência, como determina a Lei Complementar n. 24/75, somente se expressa pelo conjunto dos Estados e do Distrito Federal. Assim, a concessão de benefícios fiscais depende não da maioria, simples ou qualificada (uma vez que

_____

141. LINS, Robson Maia. A revogação de isenção do ICMS e a desnecessidade de Convênio/CONFAZ. *RDDT*. São Paulo: Dialética, n. 106, jul. 2004, p. 81-90.

a maioria não é expressão do conjunto), mas sempre pela decisão unânime dos Estados e do Distrito Federal.[142]

A sistemática de aprovação dos benefícios fiscais não está em dissintonia com a realidade atual. Na verdade, os motivos que levaram o legislador a insculpir esse dispositivo no seio da Lei Complementar n. 24/75 são extremamente atuais e resultaram na tentativa de pôr termo à guerra fiscal que foi iniciada pelos Estados com a substituição do IVC pelo ICMS.[143]

Mas qual a razão de se exigir que os benefícios sejam aprovados pela unanimidade de votos dos representantes dos Estados e do Distrito Federal, e não por uma maioria, simples ou qualificada? A resposta é simples: para que a concessão de um benefício não prejudique o interesse de nenhuma das unidades federadas.

De fato, a despeito do ICMS (assim como o ICM) ser um imposto de índole nacional, que exige disciplina dessa ordem,

---

142. A ADPF n. 198, ajuizada pelo Governador do Distrito Federal, contesta a constitucionalidade dessa regra. O requerente argumenta violação a três princípios constitucionais para atacar a exigência da decisão unânime: princípio democrático, princípio federativo e princípio da proporcionalidade.
143. O que fica evidenciado na exposição de motivos oferecida pelo Ministro da Fazenda no projeto enviado ao Congresso Nacional pelo Presidente da República, em 4 de dezembro de 1973, que resultou na aprovação da Lei Complementar n. 24/75, cujos trechos a seguir destacamos: "Desta forma, a implantação do ICM tinha por objetivo, entre outros, a eliminação das disputas tributárias entre os Estados, que tinham por fim obter a localização de atividades econômicas em seus territórios. Com a competência dos Estados de legislar sobre este tributo, verificou-se, no entanto, que existe uma aparente contradição entre o sistema federativo e o Imposto de Circulação de Mercadorias. Tal afirmativa é confirmada pelo fato de que, apesar das proibições legais, foram concedidos isenções e outros favores fiscais, visando a facilitar a localização de atividades produtivas nos territórios de cada Estado ou criando verdadeiras barreiras alfandegárias entre Estados. Tal situação é incompatível não somente com o regime federativo, como também com o próprio sistema tributário criado, que pretende fazer com que as atividades exercidas por qualquer agente, em qualquer parte do território nacional, tenham um tratamento igual."

INCIDÊNCIA DO ICMS NAS OPERAÇÕES DE IMPORTAÇÃO

a lei complementar procurou preservar os interesses individuais das unidades federadas na aprovação de benefícios fiscais relativos a esse imposto.

Permite, de um lado, que seja atendido interesse que não é o do conjunto dessas pessoas políticas, uma vez que "os convênios podem dispor que a aplicação de qualquer de suas cláusulas seja limitada a uma ou a algumas unidades da Federação" (art. 3º). De outro lado, preserva o interesse das demais unidades federadas, ao exigir que a concessão de benefícios dependa sempre de decisão unânime dos Estados representados (art. 2º, § 2º).

Essa regra, a nosso ver, está em consonância com a atual Constituição, assim como estava com a Carta anterior:

> A título de esclarecimento, acrescentamos que a aprovação de todos os Estados, implícita ou explicitamente dada, é decorrência lógica da inevitável aplicação a todos eles dos convênios. Se as decisões fossem tomadas por maioria, qualquer dos Estados poder-se-ia ver gravemente prejudicado pela concessão de isenções. Pode-se imaginar o resultado, para a Bahia, de uma isenção total para o cacau, para o Paraná, do café e assim por diante.[144]

Em síntese, se não existisse a regra da unanimidade para a concessão de benefícios fiscais relativos ao ICMS, um grupo de unidades federadas, representantes da maioria, poderia se unir para prejudicar uma minoria, ou mesmo apenas um Estado, o que não é admissível em uma Federação.

4.1.2.2 Outros atos

Os demais atos celebrados no âmbito do CONFAZ têm

---

144. COSTA, Alcides Jorge. *ICM na Constituição e na lei complementar*. São Paulo: Resenha tributária, 1979, p. 130.

como base legal o art. 199 do CTN, segundo o qual as Fazendas Públicas da União, dos Estados, do Distrito Federal e dos Municípios prestar-se-ão mutuamente assistência para a fiscalização dos tributos respectivos e permuta de informações, na forma estabelecida, em caráter geral ou específico, por lei ou convênio.

O primeiro deles constitui, a nosso ver, uma das grandes realizações do CONFAZ. O Convênio SINIEF[145] (sem número) de 15 de dezembro de 1970 instituiu a base de toda a legislação tributária relativa ao ICM, que foi aproveitada, após a promulgação da Constituição Federal de 1988, pelo ICMS. Tendo por objetivo a criação do Sistema Nacional Integrado de Informações Econômico-Fiscais, na verdade o convênio foi muito além: definiu os elementos básicos do cadastro de contribuintes, o Código Nacional de Atividades Econômicas (CNAE), o Código Fiscal de Operações e Prestações e do Código de Situação Tributária (CFOP) e, principalmente, definiu todos os documentos fiscais e livros fiscais que devem ser utilizados pelos contribuintes do ICMS.

Tal é a importância deste convênio que sua estrutura permanece inalterada desde a sua criação, sendo que sua alteração é feita por meio de ajustes (Ajustes SINIEF) que a seu texto são incorporados.[146] Além dele, há apenas outro convênio (sem número), também de 15 de dezembro de 1970, que o complementa, relacionando os Códigos Fiscais de Operações e de Prestações das Entradas de Mercadorias e Bens e da Aquisição de Serviços, e o Convênio SINIEF 06/89, que instituiu as notas fiscais relativas às operações com energia elétrica e prestações de serviços de transporte (interestadual e intermunicipal) e de comunicações que foram incorporados ao âmbito de incidência do ICMS pela Constituição Federal de 1988.

---

145. Sistema Nacional Integrado de Informações Econômico-Fiscais.
146. Até mesmo a Nota Fiscal eletrônica foi instituída por essa forma (Ajuste SINIEF 07/05).

INCIDÊNCIA DO ICMS NAS OPERAÇÕES DE IMPORTAÇÃO

Nas quatro décadas seguintes, o CONFAZ continuou a editar atos instituindo os deveres instrumentais relativos ao ICM e, posteriormente, ao ICMS, sempre com grande sucesso. De fato, há pouca dissonância nas legislações dos Estados e do Distrito Federal em relação a essas normas, uma vez que, ao contrário dos benefícios fiscais, existe uma grande convergência de interesses dessas unidades federadas em relação aos deveres instrumentais.

Nos últimos anos, o CONFAZ tem se dedicado à instituição dos documentos eletrônicos, tais como a Nota Fiscal eletrônica (NF-e), Conhecimento de Transporte eletrônico (CT-e), Manifesto Eletrônico de Documentos Fiscais (MDF-e), Cupom Fiscal eletrônico (CF-e), Escrituração Fiscal digital (EFD) e o Sistema Público de Escrituração Digital (SPED).

4.1.3 Recepção dos atos celebrados no âmbito do CONFAZ na legislação interna

É tema de grande importância, e na doutrina tem gerado dúvidas a forma como os atos celebrados no âmbito do CONFAZ são inseridos na legislação interna dos Estados e do Distrito Federal. Normalmente, a discussão se circunscreve aos convênios que aprovam a concessão de benefícios fiscais, mas, como foi demonstrado, esses não são os únicos atos aprovados por aquele colégio.

4.1.3.1 Introdução de convênios que aprovam benefícios fiscais

Tárek Moysés Moussallem, que dedicou minucioso estudo sobre as fontes do direito tributário, afirma que "os convênios entre os Estados-Membros não são veículos introdutores competentes para ejetarem enunciados-enunciados sobre direito tributário na ordem interna de cada ente federado".[147]

---

147. MOUSSALLEM, Tárek Moysés. *Fontes do direito tributário*. 2. ed. São Paulo: Noeses, 2006, p. 208.

A questão, de fato, não é nova. A Constituição anterior enunciava no art. 23, § 6º que "as isenções do imposto sobre operações relativas à circulação de mercadorias serão concedidas ou revogadas nos termos fixados em convênios, celebrados e ratificados pelos Estados, segundo o disposto em lei complementar".

Os autores pátrios passaram a discutir o tema com mais profundidade após a publicação da Lei Complementar n. 24/75, exigida pelo comando constitucional, que, como foi demonstrado, exige a prévia celebração de convênio entre os Estados e o Distrito Federal para autorizar a concessão de benefícios fiscais relativos ao ICM (hoje ICMS), cuja aprovação depende de decisão unânime dos Estados representados (art. 2º, § 2º).

Contudo, o ponto que mereceu a crítica mais severa da doutrina foi a etapa seguinte prevista no *caput* do art. 4º do citado estatuto complementar. Após a aprovação, o convênio será publicado no Diário Oficial da União, momento em que se iniciará o prazo de quinze dias para a sua ratificação pelo Poder Executivo de cada unidade da Federação, considerando-se tácita a ratificação na falta de manifestação no prazo assinalado.

José Souto Maior Borges, no mesmo ano em que foi publicada a lei complementar, apontou que o convênio que concede benefício fiscal é, materialmente, ato normativo. Valem, após a sua ratificação, como leis ordinárias das pessoas políticas e, por essa razão, a ratificação dos acordos celebrados – ponto final do processo legislativo – deve competir ao Poder Legislativo, e não ao próprio Poder Executivo que celebrou o acordo.[148]

No mesmo sentido, posiciona-se Fábio Fanucchi, que, ao

---

148. BORGES, José Souto Maior. *Lei complementar tributária*. São Paulo: RT; EDUC, 1975, p. 173.

INCIDÊNCIA DO ICMS NAS OPERAÇÕES DE IMPORTAÇÃO

escrever sobre o tema, em 1977, apontou que o procedimento previsto na Lei Complementar 24/75, ao garantir que o mesmo Poder Executivo que celebra o acordo deva ratificá-lo em momento subsequente, alijou o Poder legislativo de competência indelegável garantida pela Constituição.[149] Alcides Jorge Costa, também em 1977, ponderou que os convênios relativos ao ICM são uma fase peculiar do processo legislativo desse imposto, que limita, mas não pode eliminar a competência do legislativo estadual.[150]

Geraldo Ataliba, ainda sob a égide da ordem jurídica precedente, afirmou que o convênio funciona, nessa hipótese, como "condição de validade do ato legislativo que vai conceder a isenção" ou, em outras palavras, como um limitador da competência legislativa, mas não como um substituto da norma isentiva.[151]

A atual Constituição manteve o mesmo comando da anterior em relação à concessão dos benefícios fiscais relativos ao ICMS, ao dispor no art. 155, § 2º, XII, "g", que cabe à lei complementar "regular a forma como, mediante deliberação dos Estados e do Distrito Federal, isenções, incentivos e benefícios fiscais serão concedidos e revogados."

No vigor da atual ordem jurídica, que não trouxe inovação em relação a precedente neste ponto específico, Roque Antonio Carrazza, alinhado à posição defendida pelos autores citados, assevera que o ato de ratificação dos convênios celebrados no âmbito do CONFAZ deve ser por meio de decreto legislativo:

---

149. FANUCCHI, Fábio. Convênios para isenção do ICM – inconstitucionalidade da lei complementar n. 24, de 1975. *RDT*. São Paulo: RT, n. 1, 1977, p. 42-45.
150. COSTA, Alcides Jorge. *ICM na Constituição e na lei complementar*. São Paulo: Resenha tributária, 1979, p. 130.
151. ATALIBA, Geraldo. Debate. In: BALERA, Wagner. ICM – isenções por convênios. *RDT*, São Paulo: RT, n. 21-22, 1982, p. 163-182.

LUCIANO GARCIA MIGUEL

> Detalhando o assunto, os Estados e o Distrito Federal devem, para conceder isenções de ICMS, firmar entre si convênios. Não são eles, porém, que dão força normativa às deliberações tomadas. Esta resulta do decreto legislativo que vier a ratificá-los, em cada unidade federada. Os convênios apenas integram o processo legislativo necessário à concessão destas desonerações tributárias. Elas surgem – ou deveriam surgir – do decreto legislativo ratificador do convênio interestadual.[152]

Em sentido contrário, Antonio Pinto da Silva propugna que somente por analogia, de forma semelhante ao que ocorre com os tratados internacionais, seria possível sustentar que essa espécie de convênio deveria ser aprovada pelo Poder Executivo e ratificada pelo Poder Legislativo. Não é isso que determina a Lei Complementar n. 24/75, que é constitucional, pois até hoje não teve a sua inconstitucionalidade declarada.[153]

Heleno Taveira Torres considera injustificada a crítica tecida em relação à forma adotada pela Lei Complementar 24/75 para a recepção dos convênios pela legislação interna das unidades federadas. Entende descabido o argumento que deve ser adotado, no caso, o mesmo modelo de recepção dos tratados internacionais, ou seja, a ratificação por meio de decreto legislativo:

> Por uma, porque a Constituição Federal não o prevê; e por duas, porque esta ao indicar que a Lei Complementar disporia quanto à matéria, já esgotou, em si, a exigência da legalidade, em um tributo com característica

---

152. CARRAZZA, Roque Antonio. *ICMS*. 11. ed. São Paulo: Malheiros, 2006, p. 423, e *Curso de direito constitucional tributário*. 22. ed. São Paulo: Malheiros, 2006, p. 842.
153. SILVA, Antonio Pinto da. Debate. In: BALERA, Wagner. ICM – Isenções por convênios. *RDT*. São Paulo: RT, n. 21-22, 1982, p. 178.

essencialmente "nacional", em face do papel que eles exercem, de instrumento regulador e uniformizador das relações entre Estados na Federação.[154]

Em relação a esse ponto, comungamos com o pensamento que deveria caber ao Poder Legislativo a ratificação dos convênios aprovados no âmbito do CONFAZ pelo Poder Executivo.

Essa providência estaria coerente com a estrutura do ordenamento, uma vez que harmonizaria o respeito aos princípios da legalidade e da separação de Poderes com a necessidade de uniformização dos benefícios fiscais relativos ao ICMS.

Já tivemos a oportunidade de expressar nosso entendimento que é o convênio, e não outro ato, o instrumento adequado para conceder isenção e outros benefícios fiscais relativos ao ICMS.

Aprovado, e finalmente ratificado, passa a ser norma válida, uma vez que foi editada por autoridade competente, seguindo o rito previsto no ordenamento jurídico para a sua produção.

A aprovação do convênio pelo conjunto das unidades federadas é exigida pela necessidade de uniformização dos benefícios fiscais relativos ao ICMS, o que, contudo, não deveria simplesmente expurgar o Poder Legislativo das unidades federadas desse processo.

Deveria ter sido outorgada, portanto, ao Poder Legislativo a tarefa de ratificar ou não os convênios aprovados. Além de privilegiar o princípio da separação dos Poderes, tal providência daria ao convênio ratificado o mesmo *status* que é conferido à lei na legislação interna das unidades federadas.

---

154. TORRES, Heleno Taveira. Isenções no ICMS – limites formais e materiais. Aplicação da LC n. 24/75. Constitucionalidade dos chamados "convênios autorizativos". *RDDT*. São Paulo: Dialética, n. 72, set. 2001, p. 90.

Essa ratificação seria feita por meio de decreto legislativo, que é o veículo que introduz o conteúdo dos tratados e das convenções internacionais no direito positivo brasileiro. Da mesma forma, deveria ser utilizado, como instrumento das Assembleias Legislativas estaduais para absorver o teor dos convênios celebrados entre as unidades federadas.[155]

Não concordamos, porém, com a tese de que é a lei, em sentido estrito, o instrumento legislativo adequado para inserir o convênio aprovado no CONFAZ e ratificado pelo Poder Executivo na legislação interna das unidades federadas.

Esse entendimento toma por base o disposto no § 6º do artigo 150 da Constituição, que somente admite a concessão de benefícios fiscais por meio de lei específica (federal, estadual ou municipal). Na parte final deste dispositivo, acrescenta-se que tal comando se dá "sem prejuízo do disposto no art. 155, § 2º, XII, g".

> § 6º Qualquer subsídio ou isenção, redução de base de cálculo, concessão de crédito presumido, anistia ou remissão, relativos a impostos, taxas ou contribuições, só poderá ser concedido mediante lei específica, federal, estadual ou municipal, que regule exclusivamente as matérias acima enumeradas ou o correspondente tributo ou contribuição, sem prejuízo do disposto no art. 155, § 2º, XII, "g".

Mas como deve ser interpretada a parte final deste dispositivo? "Sem prejuízo" significa que na hipótese de concessão de benefícios fiscais relativos ao ICMS deverá ser observado um procedimento totalmente diverso, ou seja, não será exigida a edição de lei específica nessa hipótese? Ou que o procedimento previsto na lei complementar requerida pelo art. 155, § 2º, XII, g, seria apenas uma condição a ser cumprida antes da edição da lei?

---

155. CARVALHO, Paulo de Barros. *Curso de direito tributário*. 17. ed. São Paulo: Saraiva, 2005, p. 74.

INCIDÊNCIA DO ICMS NAS OPERAÇÕES DE IMPORTAÇÃO

Na Constituição Federal, sempre que foi usado o termo *sem prejuízo*, o constituinte quis dar plena eficácia à norma que estava sendo ressalvada.[156] Ora, não se pode admitir que em todas as situações em que usou o termo *sem prejuízo*, exceto numa, o constituinte pretendeu dar plena eficácia à norma excepcionada. Se tivesse sido sua intenção que a concessão de benefícios fiscais, no âmbito do ICMS, se desse por convênio e por lei (somado), teria escrito com maior clareza o § 6º do artigo 150.

Mas assim não fez. Tudo indica que o § 2º, XII, "g", do art. 155 excepciona o § 6º do mesmo artigo.

É significativo que a Lei Complementar n. 24/75 não disponha sobre simples autorizações para a concessão de benefícios fiscais, mas sim sobre as próprias concessões dos benefícios, como fica evidenciado pela redação do seu art. 1º: "As isenções do imposto sobre operações relativas à circulação de mercadorias serão concedidas ou revogadas nos termos de convênios celebrados e ratificados pelos Estados e pelo Distrito Federal, segundo esta Lei."

Se os convênios fossem considerados apenas como uma autorização prévia para que o Poder Legislativo dos Estados e do Distrito Federal editassem leis (estas sim, concessoras do benefício fiscal), esse deveria ser o comando do citado dispositivo: "As isenções do imposto sobre operações

---

156. Exemplos: Em caso de improbidade administrativa, não se condiciona a ação penal cabível à perda da função ou à suspensão dos direitos políticos etc. A ação penal tem eficácia *de per si* (art. 35, § 4º); a ação do fisco na sua atuação própria relativa ao combate ao contrabando e ao descaminho tem plena eficácia, ou seja, o fisco tem plena competência na sua execução, independentemente da competência constitucionalmente atribuída à polícia federal para prevenir os crimes afins (art. 144, § 1º, II); a mesma técnica é aplicada a vários outros dispositivos constitucionais, como o art. 146-A (Lei complementar poderá estabelecer critérios especiais de tributação, com o objetivo de prevenir desequilíbrios da concorrência, sem prejuízo da competência de a União, por lei, estabelecer normas de igual objetivo).

LUCIANO GARCIA MIGUEL

relativas à circulação de mercadorias serão previamente autorizadas nos termos de convênios celebrados e ratificados pelos Estados e pelo Distrito Federal, segundo esta Lei."

Por essas razões, entendemos que a Constituição e a Lei Complementar n. 24/75 determinam que é o convênio, e não a lei estadual ou distrital, o instrumento hábil para conceder benefícios fiscais relativos ao ICMS.[157]

Contudo, embora reconheçamos que o instrumento adequado para a ratificação dessa espécie de convênio deveria ser o decreto legislativo, não é isso que dispõe a Lei Complementar n. 24/75, cujo artigo 4º continuará válido, até ser modificado ou ser objeto de declaração de inconstitucionalidade.

4.1.3.2 Recepção de outros atos

A espécie de convênio referida no tópico precedente são aqueles editados nos termos do art. 155, § 2º, XII, "g", da Constituição e da Lei Complementar n. 24/75. Mas, há outros atos, convênios e protocolos, celebrados no âmbito do CONFAZ, estes com base no art. 199 do CTN, segundo o qual as Fazendas Públicas da União, dos Estados, do Distrito Federal e dos Municípios prestar-se-ão mutuamente assistência para a fiscalização dos tributos respectivos e permuta de informações.

Esses atos são utilizados, como foi exposto, para disciplinar, em nível nacional, os deveres instrumentais do ICMS. Uma vez que esse imposto, em regra, incide nas operações interestaduais e que, em observância ao princípio da não-cumulatividade, impõe-se a aceitação recíproca dos créditos entre os

---

157. Nesse sentido, manifestou-se a Procuradoria-Geral da Fazenda Nacional, por provocação do próprio CONFAZ (Parecer PGFN n. 329/93) e a Procuradoria-Geral do Estado de São Paulo (Parecer PA n. 35/2007).

INCIDÊNCIA DO ICMS NAS OPERAÇÕES DE IMPORTAÇÃO

Estados de origem e de destino, há a necessidade natural de se estabelecer, de forma harmônica entre as pessoas políticas partícipes dessas relações, os deveres que instrumentalizam a incidência do imposto nessa hipótese.

Outro ponto a ser considerado, é que o aumento exponencial de operações com bens e mercadorias e prestações de serviços forçam as administrações tributárias ao uso intensivo da tecnologia de informação, o que tem mudado o paradigma dos deveres instrumentais exigidos dos contribuintes nos últimos anos. De fato, é previsível que em alguns anos a grande maioria das obrigações tributárias relativas ao ICMS seja feita por meio eletrônico, abolindo-se paulatinamente o uso do documento cartular.

O uso dessa tecnologia exige um grau ainda maior de harmonia nas legislações das unidades federadas. Assim, embora não haja obrigatoriedade de prévia aprovação do CONFAZ para a instituição de deveres instrumentais, é recomendável que esses deveres sejam, tanto quanto possível, exigidos de maneira uniforme. Contudo, se não houver reflexo nas operações interestaduais, nada obsta que os Estados ou o Distrito Federal imponham aos sujeitos passivos os deveres instrumentais que julgarem convenientes no interesse da arrecadação ou da fiscalização dos tributos.

Caso uma proposta que discipline deveres instrumentais seja aprovada pelo CONFAZ, é necessário que as disposições sejam recepcionadas pelas legislações internas dos Estados e do Distrito Federal, o que é feito, em regra, por decreto do Poder Executivo.

Paulo de Barros Carvalho entende que as prestações que traduzem os deveres instrumentais, não obstante serem destituídas de valor patrimonial, somente serão exigíveis se forem instituídas por lei, a teor do disposto no art. 5º, II, da Constituição.[158]

---

158. CARVALHO, Paulo de Barros. *Curso de direito tributário*. 17. ed. São Paulo: Saraiva, 2005, p. 298.

Roque Antonio Carrazza aponta que cabe à lei não somente instituir o dever, mas também "indicar os contornos básicos de como e quando adotar a conduta, positiva ou negativa, em favor dos interesses fazendários".[159]

Não obstante, não é esse o procedimento adotado pelos Estados e pelo Distrito Federal. Com base no § 2º do art. 113 do CTN, essas pessoas políticas interpretam que as normas veiculadoras dos deveres instrumentais não precisam ser veiculadas por lei, uma vez que o dispositivo se refere à "legislação tributária" e não à "lei tributária".

4.2 Legislações dos Estados e do Distrito Federal

A disciplina do ICMS é ímpar em nosso ordenamento positivo. Após ser regrado por normas constitucionais, leis complementares, resoluções do Senado e atos do CONFAZ, poderia se pensar que haveria pouco a ser disciplinado pelas legislações dos Estados e do Distrito Federal.

Apesar de haver um grande número de normas que repetem o conteúdo de normas complementares e constitucionais[160], ainda cabe à legislação interna de cada unidade federada toda a gama de disciplina residual do ICMS, ou seja, tudo aquilo que não foi regrado por normas de superior hierarquia pode ser objeto de normas estaduais ou distritais.

Não nos ocuparemos, nesse tópico, da inserção dos atos aprovados pelo CONFAZ na legislação interna das unidades federadas, tema já tratado anteriormente.

---

159. CARRAZZA, Roque Antonio. *Reflexões sobre a obrigação tributária*. São Paulo: Noeses, 2010, p. 214.
160. CARVALHO, Osvaldo Santos de. "Guerra fiscal" no âmbito do ICMS. In: CAMPILONGO, Paulo Antonio Fernandes (Org.). *ICMS*. Aspectos jurídicos relevantes. São Paulo: Quartier Latin, 2008, p. 154-155.

4.2.1 Fixação das alíquotas do ICMS

Uma das mais importantes atribuições das legislações internas dos Estados e do Distrito Federal é a fixação das alíquotas que irão gravar as operações e prestações de serviços sujeitas à incidência do ICMS.

Fixar alíquota de imposto é decorrência lógica da competência tributária atribuída às pessoas políticas. É a alíquota que, aplicada à base de cálculo, dimensiona o impacto que a exação tributária terá, ou seja, o quanto da riqueza privada será transferida a título de tributo para o Poder Público.

A dimensão da carga tributária exigida por uma pessoa política é, em última análise, conferida pelas alíquotas que são estabelecidas para os tributos que estão em sua competência.

A Carta anterior impunha que a alíquota do ICM fosse uniforme para todas as mercadorias, cabendo ao Senado fixar as alíquotas máximas para as operações internas, para as operações interestaduais e para as operações de exportação. Os Estados e o Distrito Federal podiam fixar as alíquotas que incidiam nas operações internas, porém era defeso fazer qualquer tipo de distinção entre as diversas mercadorias.

Diversamente, a atual Constituição permitiu aos Estados uma ampla liberdade para estabelecer as alíquotas internas para as operações com mercadorias e prestações de serviços sujeitos à incidência do ICMS. Na verdade, prestigia essa diversidade, uma vez que dispõe que esse imposto "poderá ser seletivo, em função da essencialidade das mercadorias e dos serviços" (art. 155, § 2º, III).[161]

---

161. Nas discussões sobre reforma tributária, há uma forte tendência a tratar as alíquotas do ICMS de maneira uniforme (assim como o restante da legislação que rege esse imposto). Na Proposta de Emenda Constitucional 285, de

A seletividade do ICMS, entende Roque Antonio Carrazza, não é uma recomendação constitucional ao legislador, "mas uma norma cogente, de observância obrigatória".[162]

A seletividade, em poucas palavras, significa que a pessoa política, detentora da competência tributária, deve impor uma carga menor aos produtos e serviços essenciais, que ostentam tal característica em razão de sua imprescindibilidade:

> As alíquotas deste imposto devem, pois, ser, o quanto possível, discriminadas por espécie de mercadoria ou de serviço. Noutras palavras, devem ser fixadas na razão inversa da imprescindibilidade das mercadorias ou dos serviços. Assim, quanto mais suntuários ou supérfluos forem os serviços ou mercadorias, tanto maior deverá ser a alíquota de ICMS que sobre eles incidirá. Pelo contrário, se as mercadorias ou os serviços forem de primeira necessidade, devem ser abrandadas ou, dependendo do caso, até zeradas.[163]

Não obstante, a Constituição determina que a alíquota mínima que incidirá nas operações e prestações internas não

---

2004, as alíquotas são uniformes em todo o território nacional, em número máximo de cinco. O órgão colegiado dos Estados e do Distrito Federal definirá a quais mercadorias, bens e serviços serão aplicadas, cabendo ao Senado aprovar por resolução a definição das alíquotas aplicáveis a determinada operação ou prestação, sendo vedado estabelecer alíquota superior a vinte e cinco por cento. Além das hipóteses expressamente previstas na emenda, a menor alíquota é aplicada aos bens e serviços definidos pelo órgão colegiado dos Estados e do Distrito Federal. Na Proposta de Emenda Constitucional 41, de 2008, lei complementar estabelecerá as alíquotas do imposto, entre elas a alíquota padrão. O Senado definirá o enquadramento de mercadorias e serviços mediante a aprovação ou rejeição da proposta dos Governadores, das Assembleias Legislativas ou do CONFAZ. Se a proposta for elaborada pelo CONFAZ, há exigência de representatividade de todas as regiões do país. A lei complementar estabelecerá, também, as mercadorias e serviços cuja alíquota poderá ser aumentada ou diminuída por lei estadual.

162. CARRAZZA, Roque Antonio. *ICMS*. 11. ed. São Paulo: Malheiros, 2006, p. 375.

163. Ibid., p. 377.

INCIDÊNCIA DO ICMS NAS OPERAÇÕES DE IMPORTAÇÃO

poderá ser menor que aquela fixada por Resolução do Senado para as operações e prestações interestaduais (art. 155, § 2º, VI), ou seja, 12%.[164]

A clareza meridiana da disciplina da alíquota mínima contrasta com a falta de regramento para a fixação da alíquota máxima do ICMS. Em razão das profundas alterações no sistema tributário[165], no período que se estende da promulgação da atual Constituição em 1988 até hoje, os Estados e o Distrito Federal deixaram de tributar ou reduziram sensivelmente a tributação do ICMS sobre alguns setores da atividade econômica e, paralelamente, aumentaram a tributação em outros.

O ICM passou a denominar-se ICMS, incidindo sobre operações com energia elétrica, petróleo, combustíveis e lubrificantes, serviços de comunicação (bases anteriormente tributadas pelos impostos únicos federais) e transporte inter-municipal e interestadual. Apesar do alargamento de sua base de incidência, o ICMS continua a arrecadar hoje, em termos relativos, o que o ICM arrecadava em 1968.[166]

---

164. Na ADI 2021/SP, DJ 25/05/2001, o STF definiu que a alíquota mínima que pode ser aplicada nas operações internas é 12% (e não 7%), por representar a alíquota genérica nas operações interestaduais.

165. Como aponta Fernando Resende, o sistema tributário brasileiro desenhado pela atual Constituição foi moldado a partir de duas forças importantes. De um lado, Estados e Municípios demandavam uma maior autonomia financeira; de outro, a pressão dos movimentos sociais pela universalização dos direitos da cidadania. A demanda por autonomia financeira foi atendida pelo aumento da base tributária de Estados e Municípios, além do aumento dos tributos federais que compõem o FPE – Fundo de Participação dos Estados e do FPM – Fundo de Participação dos Municípios. No campo dos direitos sociais, criaram-se novas fontes para o financiamento da seguridade social, baseadas na tributação da cadeia de bens e serviços (RESENDE, Fernando. *A reforma tributária e a federação*. Rio de Janeiro: FGV, 2009, p. 17-18).

166. Em 1968, o ICM gerava aos Estados o equivalente a 7,3% do PIB. Em 2009, os Estados e o Distrito Federal arrecadaram a título desse imposto o correspondente a 7,13% do PIB, ou 21,23% do total dos tributos. (BRASIL. Ministério da Fazenda. *Carga Tributária no Brasil 2009*. Análises por Tributos

LUCIANO GARCIA MIGUEL

A acentuada retração da tributação do ICMS sobre os setores que tradicionalmente geravam receita para os Estados foi acompanhada da invasão, pela União, dessa base tributária, que passou a tributar fortemente a cadeia de bens e serviços por meio das contribuições sociais.[167]

O aumento dos gastos públicos verificado após 1988, especialmente devido à vinculação de receitas públicas, bem como o advento da Lei de Responsabilidade Fiscal, forçou os Estados e Distrito Federal, para manter o mesmo nível de arrecadação, a concentrar a tributação sobre alguns setores econômicos. O resultado é que, atualmente, uma parcela acentuada da receita tributária gerada pelo ICMS está concentrada nas operações com petróleo, combustíveis e lubrificantes (18,1%), energia elétrica (11,2%) e serviços de comunicação (12,5%).

Em outras palavras, o ICMS manteve a mesma participação relativa em comparação aos demais tributos, mas houve uma acentuada perda da qualidade de sua tributação. Perda de qualidade, no sentido tomado nesse texto, significa uma tributação relativamente alta desses setores.

Diante desse quadro, é necessário questionar se a ausência de regra expressa constitucional permite aos Estados e ao Distrito Federal uma ampla liberdade para fixar as alíquotas que irão servir para quantificar o imposto devido nas operações e prestações praticadas pelos contribuintes.

A resposta para essa questão exige a análise de dois princípios constitucionais: o princípio da proibição de tributo

---

e Bases de Incidência. ago. 2010. Disponível em: <http://www.receita.fazenda. gov.br/Publico/ estudosTributarios/estatisticas/CTB2009.pdf>. Acesso em: 10 jan. 2011).

167. O produto da arrecadação dessas contribuições não é partilhado com os Estados, o Distrito Federal e os Municípios, tal como ocorre com o produto da arrecadação do imposto sobre a renda e do imposto sobre produtos industrializados.

INCIDÊNCIA DO ICMS NAS OPERAÇÕES DE IMPORTAÇÃO

com efeito de confisco, expresso no art. 150, IV, e o princípio da proporcionalidade.

Como adverte Paulo de Barros Carvalho, embora a ideia de confisco não seja em si de difícil compreensão, a delimitação do conceito é problemática. "Aquilo que para alguns tem efeitos confiscatórios, para outros pode perfeitamente apresentar-se como forma lídima de exigência tributária".[168]

Roque Antonio Carrazza aponta, inicialmente, o que não caracteriza uma atividade tributária confiscatória, isto é, uma conduta do legislador que é "marcada pelo equilíbrio, pela moderação, na quantificação dos tributos, tudo tendo em vista um direito tributário justo".[169]

Para as empresas, destaca esse autor, haverá confisco sempre que o tributo é tão gravoso que se torna um empecilho ou inviabiliza as suas atividades econômicas; para as pessoas naturais, a tributação não poderá ser tão alta a ponto de subtrair os "recursos econômicos indispensáveis à satisfação de suas necessidades básicas".[170]

Não obstante, a dificuldade de delimitação dotada de critério remanesce:

> Dos inúmeros trabalhos dotados de cunho científico editado por autores do assim chamado direito continental europeu, nenhum deles logrou obter as fronteiras do assunto, exibindo-as com a nitidez que a relevância da matéria requer. Igualmente, as elaborações jurisprudenciais pouco têm esclarecido o critério adequado para isolar-se o ponto de ingresso nos territórios do confisco.[171]

---

168. CARVALHO, Paulo de Barros. *Curso de direito tributário*. 17. ed. São Paulo: Saraiva, 2005, p. 163.
169. CARRAZZA, Roque Antonio. *Curso de direito constitucional tributário*. 22. ed. São Paulo: Malheiros, 2006, p. 100.
170. Ibid., loc. cit.
171. Ibid., p. 164.

LUCIANO GARCIA MIGUEL

De fato, a delimitação desse princípio apresenta sérias dificuldades. A dimensão da carga tributária de um determinado país, por exemplo, é o primeiro fator que poderia ser tomado como base para identificar a ocorrência ou não de confisco. Mas, o fato de a carga tributária ser elevada não implica, necessariamente, a ofensa a esse princípio. Há nações que optam por ter uma elevada carga tributária e um excelente padrão de serviços públicos, desonerando o cidadão de encargos com saúde, educação, transporte, previdência, etc. Outras, preferem uma carga tributária menor; no entanto, não oferecem serviços públicos com a mesma qualidade.

A dificuldade também não é menor em relação a fatores menos genéricos, como a alíquota incidente sobre operações com determinados produtos, que é o objeto desse tópico:

> Já com bens de consumo, cujo gravame se incorpora no preço, permite-se cogitar de taxações altíssimas, sem que se alvitre sombras de efeitos confiscatórios. É o caso do IPI e dos impostos que oneram o mercado exterior. Também o ICMS prestar-se-ia a manifestações desse tipo, sem falar nos problemas paralelos que o expediente desencadearia no campo econômico, desdobrados que estão do quadro objetal de nossas especulações.[172]

Contudo, é intuitivo que deve haver um limite para o exercício dessa faculdade. O STF em algumas oportunidades já se manifestou que é possível examinar se determinado tributo ofende ou não esse princípio constitucional:

> A proibição constitucional do confisco em matéria tributária nada mais representa senão a interdição, pela Carta Política, de qualquer pretensão governamental

---

172. CARRAZZA, Roque Antonio. *Curso de direito constitucional tributário.* 22. ed. São Paulo: Malheiros, 2006, p. 164-165.

INCIDÊNCIA DO ICMS NAS OPERAÇÕES DE IMPORTAÇÃO

> que possa conduzir, no campo da fiscalidade, à injusta apropriação estatal, no todo ou em parte, do patrimônio ou dos rendimentos dos contribuintes, comprometendo-lhes, pela insuportabilidade da carga tributária, o exercício do direito a uma existência digna, ou a prática de atividade profissional lícita ou, ainda, a regular satisfação de suas necessidades vitais (educação, saúde e habitação, por exemplo).[173]

A suportabilidade da tributação deve ser avaliada em razão da comparação entre a totalidade da carga tributária imposta pelo Estado e o montante da riqueza disponível do contribuinte, inquinando-se como confiscatória aquela que, resultante de múltiplas incidências estabelecidas pela mesma pessoa política, afetar de maneira substancial ou irrazoável o patrimônio ou os rendimentos do contribuinte:

> A identificação do efeito confiscatório deve ser feita em função da totalidade da carga tributária, mediante verificação da capacidade de que dispõe o contribuinte considerado o montante de sua riqueza (renda e capital) – para suportar e sofrer a incidência de todos os tributos que ele deverá pagar, dentro de determinado período, à mesma pessoa política que os houver instituído (a União Federal, no caso), condicionando-se, ainda, a aferição do grau de insuportabilidade econômico-financeira, à observância, pelo legislador, de padrões de razoabilidade destinados a neutralizar excessos de ordem fiscal eventualmente praticados pelo Poder Público.

Em outra oportunidade, a Corte Suprema decidiu, com base no princípio da proporcionalidade, implícito no texto constitucional, que a atividade estatal, em sede de tributação, não pode ser abusiva, devendo-se pela razoabilidade, que limita a ação normativa do Poder Legislativo:

---

173. ADC 8-MC, Pleno, Rel. Min. Celso de Mello, DJ 04/04/2003. No mesmo sentido: ADI 2.551-MC, Pleno, Rel. Min. Celso de Mello, DJ 20/04/2006.

LUCIANO GARCIA MIGUEL

Tributação e ofensa ao princípio da proporcionalidade. O Poder Público, especialmente em sede de tributação, não pode agir imoderadamente, pois a atividade estatal acha-se essencialmente condicionada pelo princípio da razoabilidade, que traduz limitação material à ação normativa do Poder Legislativo. O Estado não pode legislar abusivamente. A atividade legislativa está necessariamente sujeita à rígida observância de diretriz fundamental, que, encontrando suporte teórico no princípio da proporcionalidade, veda os excessos normativos e as prescrições irrazoáveis do Poder Público. O princípio da proporcionalidade, nesse contexto, acha-se vocacionado a inibir e a neutralizar os abusos do Poder Público no exercício de suas funções, qualificando-se como parâmetro de aferição da própria constitucionalidade material dos atos estatais. – A prerrogativa institucional de tributar, que o ordenamento positivo reconhece ao Estado, não lhe outorga o poder de suprimir (ou de inviabilizar) direitos de caráter fundamental constitucionalmente assegurados ao contribuinte. É que este dispõe, nos termos da própria Carta Política, de um sistema de proteção destinado a ampará-lo contra eventuais excessos cometidos pelo poder tributante ou, ainda, contra exigências irrazoáveis veiculadas em diplomas normativos editados pelo Estado.[174]

É relevante que o STF tenha se valido, em mais de uma oportunidade, do princípio do não-confisco e do princípio da proporcionalidade para fundamentar suas decisões, apontando claramente que os mesmos constituem efetivos limites para a atividade estatal da tributação.

Embora não seja tarefa fácil estabelecer os limites em que a atividade estatal obedece ou ofende os princípios do não-confisco e da proporcionalidade, as decisões do STF lhes conferem eficácia. É da natureza das normas principiológicas essa necessidade de concreção pela comunidade jurídica e,

---

174. ADI 2.551-MC, Pleno, Rel. Min. Celso de Mello, DJ 20/04/2006.

nesse processo, a atividade jurisdicional tem importância ímpar, orientando a aplicação do direito pelos valores que prevalecem em cada época e lugar.

4.2.2 Deveres instrumentais

Os deveres instrumentais também são disciplinados no âmbito da legislação interna. Nada há o que obrigue os Estados e o Distrito Federal a instituírem esses deveres de forma conjunta e harmônica, embora essa tendência tenha se intensificado nos últimos anos. Não obstante, nessa seara, ainda existe grande diferença entre as unidades federadas, especialmente em razão do interesse de cada uma delas em operações ou prestações específicas determinadas pela disparidade de desenvolvimento econômico entre elas.

O objetivo do direito é ordenar a vida social, disciplinando o comportamento das pessoas nas relações intersubjetivas. Para atingir essa finalidade, a ordem normativa tem como único instrumento a relação jurídica, que é "o vínculo abstrato, segundo o qual, por força da imputação normativa, uma pessoa, chamada de sujeito ativo, tem o direito subjetivo de exigir de outra, denominada sujeito passivo, o cumprimento de certa prestação".[175]

Esse vínculo se estabelece entre pessoas, sendo necessários pelo menos dois sujeitos para que se possa configurar uma relação jurídica. Além disso, exige-se "a presença de um objeto, centro de convergência do direito subjetivo e do correlato dever".[176]

As relações jurídicas podem ser classificadas em obrigacionais ou não obrigacionais (veiculadoras de meros deveres),

---

175. CARVALHO, Paulo de Barros. *Curso de direito tributário*. 17. ed. São Paulo: Saraiva, 2005, p. 286.
176. Ibid., p. 288.

caso o objeto da prestação seja ou não suscetível de avaliação econômica. Nesse sentido, obrigação pode ser definida como o vínculo abstrato que surge pela imputação normativa, e consoante a qual o credor tem o direito subjetivo de exigir do devedor o cumprimento de prestação de cunho patrimonial.[177]

Assim, ao lado da obrigação tributária, a ordem jurídica dispõe sobre outros comportamentos, positivos ou negativos, cuja finalidade é facilitar o conhecimento, o controle e a arrecadação da importância devida como tributo. Essas relações são denominadas, de forma imprecisa, como obrigações acessórias. O nome é impróprio, uma vez que tais deveres não têm natureza obrigacional (falta-lhes conteúdo econômico) e nem sempre são acessórios.

Note-se que, nas duas hipóteses, o dever jurídico é imposto de forma compulsória, pois o direito não se limita a estipular normativamente o dever jurídico a ser cumprido, estabelecendo também a sanção para o caso do seu descumprimento. Esta visão do direito como poder coercitivo é bem explicada por Norberto Bobbio:

> Dizendo que o Direito é fundado em última instância sobre o poder coercitivo, quer dizer, o poder de fazer respeitar, também recorrendo à força, as normas estabelecidas, não dizemos nada de diferente daquilo que temos repetidamente afirmado em relação ao Direito como um conjunto de regras com eficácia reforçada. Se o direito é um conjunto de regras com eficácia reforçada, isso significa que um ordenamento jurídico é impensável sem o exercício da força, isto é, sem um poder. Colocar o poder como fundamento último de uma ordem jurídica positiva não quer dizer reduzir o direito à força, mas simplesmente reconhecer que a força é necessária para a realização do direito.[178]

---

177. CARVALHO, Paulo de Barros. *Curso de direito tributário*. 17. ed. São Paulo: Saraiva, 2005, p. 290.
178. BOBBIO, Norberto. *Teoria do ordenamento jurídico*. Brasília: UNB, 1989, p. 66.

INCIDÊNCIA DO ICMS NAS OPERAÇÕES DE IMPORTAÇÃO

Enfim, ao lado das relações jurídicas tributárias obrigacionais, cujo objeto é o pagamento do tributo devido ao Estado, há também as relações jurídicas tributárias não obrigacionais, também impostas coercitivamente aos administrados.

Paulo de Barros Carvalho[179] e Roque Antonio Carrazza[180] entendem que a locução *deveres instrumentais* designa melhor esse segundo tipo de relação: deveres, porque o seu objeto não tem conteúdo patrimonial, e instrumental (ou formais), por serem instrumentos de que dispõe a Administração para o acompanhamento e consecução dos seus desígnios tributários. Adotamos, neste trabalho, essa mesma terminologia.

4.2.2.1 Fundamento da imposição dos deveres instrumentais

De acordo com o disposto no art. 113, § 1º, do CTN, a legislação pode impor ao sujeito passivo deveres instrumentais que nada mais são que prestações, positivas ou negativas, previstas no interesse da arrecadação ou da fiscalização dos tributos.

Esses deveres se traduzem em comportamento positivo (fazer) ou negativo (não fazer) impostos de forma coercitiva pela Administração no interesse de sua atividade de fiscalização e de arrecadação de tributos. Prestam-se, portanto, à operatividade da tributação, "pois estão preordenados a facilitar o conhecimento, o controle e a arrecadação da importância devida a título de tributo".[181]

---

179. CARVALHO, Paulo de Barros. *Curso de direito tributário*. 17. ed. São Paulo: Saraiva, 2005, p. 291-294.
180. CARRAZZA, Roque Antonio. *Reflexões sobre a obrigação tributária*. São Paulo: Noeses, 2010, p. 210.
181. CARVALHO, Paulo de Barros. *Parecer inédito*. São Paulo, 26 ago. 2010, p. 55.

A definição dos deveres instrumentais tem, portanto, duas características básicas: "(i) prestações de fazer ou de não fazer, sem cunho pecuniário; e (ii) que têm por objetivo servir de instrumentos para a fiscalização e arrecadação de tributos".[182]

Embora não tenham cunho pecuniário, os deveres instrumentais têm a mesma importância que as obrigações tributárias:

> O fato de tais liames carecerem de cunho patrimonial não implica o rebaixamento de sua importância. Os deveres instrumentários serão tão relevantes quanto as obrigações tributárias, se os examinarmos pelo prisma de que colaboram, em momentos distintos, para a realização do mesmo objetivo, qual seja o da escorreita arrecadação do gravame. Os indigitados deveres operam com o fim de favorecer a base objetiva necessária para o efetivo exercício da atividade impositiva, levado a termo pelo órgão próprio da Fazenda Pública.[183]

Os deveres instrumentais são autônomos, não são acessórios da obrigação tributária, como erroneamente podem dar a entender as locuções *obrigação principal* e *obrigação acessória* usadas pelo CTN. Mas, é evidente que esses deveres devem ter relação com a norma que institui o tributo. Isso se explica pela sua finalidade, ou seja, para dar operacionalidade à regra-matriz de um determinado tributo.

Assim, é possível afirmar que uma pessoa política somente pode impor deveres instrumentais que guardem relação a tributos que tenham competência para exigir. E, por consequência, não pode a Administração Tributária impor

---

182. CARVALHO, Paulo de Barros. *Parecer inédito*. São Paulo, 26 ago. 2010, p. 38.
183. Ibid., loc. cit.

110

INCIDÊNCIA DO ICMS NAS OPERAÇÕES DE IMPORTAÇÃO

sanção pelo descumprimento de deveres instrumentais relativos a tributos que sejam de competência de outra pessoa política.[184]

Como pondera Paulo de Barros Carvalho:

> Para que se possa imputar um dever instrumental é preciso ter competência para disciplinar o tributo, já que tal comando se presta para dar operacionalidade à sua fiscalização e arrecadação. Essas ponderações bastam para concluir que os Estados e o Distrito Federal não estão autorizados a impor a emissão de nota fiscal ou de outro documento pertinente à tributação estadual a pessoa que não seja contribuinte do ICMS ou que com ele mantenha relação, e em relação a fato que esteja fora do âmbito de incidência daquele imposto, sem ocasionar, portanto, qualquer benefício à atividade fiscalizadora.[185]

Além dessa primeira condição, a racionalidade do ordenamento pressupõe outros limites à imposição desses deveres. Embora a dicção legal seja um tanto ampla, a aludir ao interesse da Administração, é certo que esse interesse deve ser traduzido na utilidade, no benefício em prol da arrecadação ou da fiscalização dos tributos:

> Os deveres instrumentais objetivam conferir à fiscalização tributária condições materiais (documentais) para exercer sua atividade, verificando a ocorrência ou não do fato jurídico tributário e, em caso afirmativo, produzindo a norma individual e concreta correspondente. Para atingir tal desiderato é que os legisladores da União, dos Estados e dos Municípios estão autorizados a produzir normas impositivas de deveres instru-

---

184. CARRAZZA, Roque Antonio. *Reflexões sobre a obrigação tributária*. São Paulo: Noeses, 2010, p. 213.

185. CARVALHO, Paulo de Barros. *Parecer inédito*. São Paulo, 26 ago. 2010, p. 40.

mentais. Logo, existe sim um limite à liberdade de instituir liames impositivos de um fazer ou não-fazer. E esse limite está enunciado, de modo expresso, no art. 113, § 2º, do Código Tributário Nacional, ao referir às prestações positivas e negativas como imposições previstas *no interesse da arrecadação ou da fiscalização dos tributos*. Se o dever instrumental não produz qualquer benefício para a Administração tributária, inexiste motivo que autorize a sua exigência.[186]

Outro ponto a ser considerado é o custo da imposição dos deveres instrumentais. Embora esses deveres não se traduzam em pagamento de tributos, mas em um fazer ou um não fazer, é certo que, em regra, o seu cumprimento gera custos e responsabilidade ao sujeito passivo.

O interesse da Administração, portanto, deve ser temperado, ajustado pelo princípio da proporcionalidade, implícito nas dobras do ordenamento jurídico nacional. Tal princípio impõe que deve haver uma correlação entre os fins perseguidos e os meios utilizados, de tal forma que não seja imposto um custo excessivo ou desarrazoado aos administrados:

> Rememore-se que o sempre louvável propósito de lançar e cobrar tributos com exatidão, absolutamente não abre espaço a que o Poder Público lance mão de quaisquer expedientes para atingi-lo. Antes, exige que se conduza com equilíbrio, empregando os meios estritamente necessários para atingir os objetivos arrecadatórios almejados.[187]

A proporcionalidade traduz-se, em suma, na correlação entre os motivos, meios e fins utilizados pelo Estado e os direitos fundamentais dos contribuintes.

---

186. CARVALHO, Paulo de Barros. *Parecer inédito*. São Paulo, 26 ago. 2010, p. 59 (grifo do autor).
187. CARRAZZA, Roque Antonio. *Reflexões sobre a obrigação tributária*. São Paulo: Noeses, 2010, p. 221.

INCIDÊNCIA DO ICMS NAS OPERAÇÕES DE IMPORTAÇÃO

Em resumo, a Administração Pública pode impor aos sujeitos passivos possíveis deveres instrumentais, que se traduzem em prestações positivas ou negativas, no interesse da fiscalização e da arrecadação dos tributos de sua competência.

A imposição desses deveres, contudo, não pode ser feita de maneira indiscriminada, mas, ao contrário, deve ser motivada por um benefício efetivo para a atividade de fiscalização tributária. Além disso, os meios empregados devem guardar proporção dos fins almejados com o gravame a ser suportado pelo sujeito passivo.

4.2.2.2 Destinatário dos deveres instrumentais

A princípio, é possível afirmar que o sujeito passivo da relação obrigacional é também sujeito passivo da relação instrumental:

> O primeiro critério a ser empregado para aferir o rol de pessoas que podem ser eleitas como sujeitos passivos pela norma de tributação instrumental nos é fornecido pela materialidade do descritor normativo, onde se encontra indicada a norma jurídica tributária material (geral e abstrata), bem como os seus possíveis sujeitos passivos.
>
> Com efeito, aquela pessoa que tem aptidão para ser o sujeito passivo da norma jurídica tributária material [...] pode ser posta na condição de sujeito passivo da norma tributária instrumental e, portanto, na contingência de prestar informações relativas à ocorrência, no mundo fenomênico, de um fato jurídico tributário e o seu eventual adimplemento.[188]

Assim, o industrial que pratica operações de circulação de mercadorias, além de ter a obrigação de recolher o ICMS

---

188. ZOCKUN, Maurício. *Regime jurídico da obrigação tributária acessória.* São Paulo: Malheiros, 2005, p. 138.

que incide nessas operações, deverá cumprir os deveres instrumentais impostos pela Administração tributária, instituídos para facilitar o conhecimento e o controle da importância devida a título desse tributo, uma vez que ele detém os documentos e as informações necessárias para essa finalidade.

Para determinar quem é o sujeito passivo possível da relação instrumental, é necessário, portanto, verificar inicialmente quem pode ser considerado sujeito passivo da relação obrigacional, o que já foi analisado no item precedente.

Além dos contribuintes e responsáveis – sujeitos passivos da obrigação tributária –, outras pessoas também podem ser consideradas possíveis sujeitos passivos da obrigação instrumental. De fato, todos aqueles que detêm informações relevantes para o exercício da atividade de fiscalização e arrecadação de tributos podem ser alçados a essa condição.

Nesse sentido, o art. 197 do CTN relaciona aqueles que "são obrigados a prestar à autoridade administrativa todas as informações de que disponham com relação aos bens, negócios ou atividades de terceiros".[189] Essa relação, contudo, é apenas exemplificativa, uma vez que o inciso VII desse dispositivo esclarece que também estão obrigadas "quaisquer outras entidades ou pessoas que a lei designe, em razão de seu cargo, ofício, função, ministério, atividade ou profissão."

Essa constatação não pode, evidentemente, ser entendida como uma prerrogativa ilimitada para a Administração tributária impor deveres instrumentais de maneira indiscriminada. Como aponta Maurício Zockun, "essa prerrogativa deve ser exercida na busca de elementos objetivos e materiais que

---

189. Cf. incisos I a VI desse dispositivo: "I – os tabeliães, escrivães e demais serventuários de ofício; II – os bancos, casas bancárias, Caixas Econômicas e demais instituições financeiras; III – as empresas de administração de bens; IV – os corretores, leiloeiros e despachantes oficiais; V – os inventariantes; VI – os síndicos, comissários e liquidatários".

INCIDÊNCIA DO ICMS NAS OPERAÇÕES DE IMPORTAÇÃO

possam influenciar na apuração do nascimento e do cumprimento de obrigações tributárias".[190]

Em suma, embora o sujeito passivo do dever instrumental seja, em regra, o sujeito passivo da obrigação tributária (contribuinte ou responsável), outras pessoas podem ser eleitas como seus destinatários. Nesse sentido, há uma ampla liberdade para essa eleição, desde que, obviamente, sejam respeitados os limites impostos pelo ordenamento.

4.2.3 Sanções para as infrações tributárias

Cabe à legislação interna dos Estados e do Distrito Federal fixar as sanções para as infrações tributárias. Normalmente, essas pessoas políticas estabelecem essas sanções de forma tão detalhada que dificultam a aplicação dessas normas.

O legislador associa diversos tipos de sanções aos ilícitos tributários, sendo as mais relevantes: (i) sanções pecuniárias de caráter punitivo, como reação pelo descumprimento dos deveres que a ordem tributária estabelece; (ii) "sanções pecuniárias de índole não punitiva, ou multas de mora em que predomina o intuito indenizatório, pela contingência de o poder público receber o seu crédito a destempo"; (iii) juros de mora, que possuem a natureza de remuneração "do capital que permanece em mãos do administrado por tempo excedente ao permitido".[191]

Paulo de Barros Carvalho esclarece que o termo *sanção* pode experimentar significados que variam quando utilizado em diferentes momentos do direito posto e da Ciência do Direito. Contudo, em uma acepção restrita, pode ser definida

---

190. ZOCKUN, Maurício. *Regime jurídico da obrigação tributária acessória.* São Paulo: Malheiros, 2005, p. 142.
191. CARVALHO, Paulo de Barros. *Direito tributário, linguagem e método.* São Paulo: Noeses, 2008, p. 772.

como a "providência que o Estado-juiz aplica coativamente, a pedido do titular de direito violado, tendo em vista a conduta do sujeito infrator".[192]

Por essa razão, as chamadas "sanções administrativas", embora estabeleçam multas e outras penalidades como forma de "reforçar a eficácia dos deveres jurídicos previstos em outras normas", são também normas primárias, uma vez que lhes falta "a presença da atividade jurisdicional na exigência coativa da prestação".[193]

O ilícito tributário "pode advir da não-prestação do tributo (da importância pecuniária), ou do não-cumprimento de deveres instrumentais ou formais". Nas duas hipóteses, "haverá um traço constante e invariável que identifica" o ilícito tributário que "é a não-prestação (não-p), presente onde houver fórmula descritiva de infração". Infração tributária, portanto, pode ser definida "como toda ação ou omissão que, direta ou indiretamente, represente descumprimento dos deveres jurídicos estatuídos em leis fiscais".[194]

Segundo Pontes de Miranda, mora é o retardo, a demora, contrária ao direito, da prestação e, no sistema jurídico brasileiro, prescinde de culpa. Dessa forma, decorre apenas da falta de adimplemento, da impontualidade no tempo. Desde que não se prestou no momento em que se devia prestar, inicia-se o estado de mora. Os juros moratórios são, por sua vez, indenizações ao credor, proporcionais ao tempo durante o qual foi privado da utilização do seu capital.[195]

Entendemos, portanto, que as chamadas multas moratórias e os juros não podem ser considerados como sanções

---

192. CARVALHO, Paulo de Barros. *Direito tributário, linguagem e método.* São Paulo: Noeses, 2008, p. 758.
193. Ibid., p. 757.
194. Ibid., p. 760.
195. MIRANDA, Pontes de. *Tratado de direito privado.* v. 23. Rio de Janeiro: Borsoi, 1954, p. 117.

INCIDÊNCIA DO ICMS NAS OPERAÇÕES DE IMPORTAÇÃO

administrativas, uma vez que não são decorrentes de ilicitude, mas apenas da impontualidade no cumprimento da obrigação tributária.

4.2.4 Substituição tributária

Por fim, é à legislação interna que cabe definir o substituto tributário, a mercadoria ou serviço objeto da substituição, bem os critérios a serem utilizados pelo substituto para o cálculo da margem da operação substituída.

Como foi demonstrado, a Lei Complementar n. 87/96 cuidou das regras gerais que devem ser aplicadas à substituição tributária, mas é no âmbito da legislação interna de cada unidade federada que se estabelecerão as normas que dão concretude a essa sistemática.

Não é o caso de discutir, neste trabalho, o mérito da utilização cada vez mais massiva da substituição tributária nas operações relativas ao ICMS. Trata-se de decisão e política tributária dos Estados e do Distrito Federal, que ultrapassam as fronteiras metodológicas traçadas aqui.[196]

Mas é fato que, a cada vez com mais intensidade, os Estados e o Distrito Federal se valem da substituição tributária, que, a princípio, deveria ser uma exceção à forma como o ICMS é exigido, e não uma regra geral, como está se tornando.

---

196. Não obstante, podemos citar como pontos positivos da adoção dessa sistemática: maior eficiência na fiscalização e resultado positivo na arrecadação; número de contribuintes a ser fiscalizado é reduzido; substitutos são contribuintes de grande porte (indústria). Pontos negativos: impacto na não-cumulatividade; dificuldades práticas e jurídicas para o ressarcimento; alteração do perfil do ICMS (de plurifásico não-cumulativo para monofásico); perda de neutralidade (operações são realizadas com determinado modelo negocial para neutralizar os efeitos negativos).

De fato, um dos maiores problemas atinentes à substituição tributária é a constatação de que ela altera o perfil do ICMS que foi originalmente desenhado pela Constituição. Imposto caracterizado por incidir nas diversas etapas da circulação de mercadoria e da prestação de serviços (multifásico) e pela não-cumulatividade, é transformado por essa sistemática de cobrança em imposto monofásico.

Não se nega que, em alguns tipos de operação ou prestação, a substituição tributária é de grande utilidade, mas a dificuldade apresentada pelos critérios para a formação da base de cálculo da operação substituída introduz uma grande complexidade no sistema.[197]

Para que a base de cálculo da operação substituída expresse, com razoável grau de probabilidade, o valor que seria atribuído à mercadoria ou serviço na última etapa da circulação ou prestação, é necessário realizar pesquisas para apurar a margem de valor que deverá ser agregada ao custo inicial (ou, alternativamente, é apurado o preço final dessa mercadoria ou serviço). Deve ser sublinhado que, em uma economia dinâmica, essas pesquisas devem ser refeitas com frequência, sob pena de os resultados não mais refletirem, depois de um certo período, a realidade.

Ocorre que, mesmo como todos esses cuidados, é certo que pode não ocorrer o evento futuro que, concretizado como fato jurídico, daria ensejo à incidência do ICMS. Em outras palavras, seja qual for o motivo, pode ser que não ocorram as operações ou prestações seguintes que já foram objeto da substituição tributária.

Nessa hipótese, diz a Constituição, deve ser assegurada ao sujeito passivo a restituição da quantia paga (art. 150, § 7º), mandamento que é repetido, no caso do ICMS, pela Lei Complementar 87/96.

---

197. Complexidade que se traduz em custo para a administração e para os administrados.

INCIDÊNCIA DO ICMS NAS OPERAÇÕES DE IMPORTAÇÃO

Mas, se é certo que a restituição deve ser feita caso não ocorra a operação ou prestação substituída, esse direito persiste caso a operação venha a ser realizada por um preço menor que o estimado? Entre os Estados e o Distrito Federal, somente São Paulo admite a restituição nessa última hipótese.

O Supremo Tribunal Federal ainda não se pronunciou conclusivamente sobre esse tema. Está pendente de julgamento a ADI 2.777/SP, na qual São Paulo contesta a constitucionalidade da norma estadual que estabelece a devolução do ICMS pago a maior quando a operação subsequente se realiza por valor menor do que o previsto.[198]

---

198. Atualmente, dez ministros votaram nessa ADI: cinco se pronunciaram pela constitucionalidade da lei paulista e cinco pela sua inconstitucionalidade. Além dessa ADI, está aguardando julgamento o RE 593.849-2/MG, que também versa sobre esse tema. O STF reconheceu a repercussão geral de recurso extraordinário que tem por objeto a restituição da diferença de ICMS pago a maior no regime de ST.

5

INCIDÊNCIA DO ICMS NAS OPERAÇÕES DE IMPORTAÇÃO

Gregorio Robles afirma, com razão, que a norma não existe de forma isolada. "O ordenamento proporciona o material de construção das normas, mas estas só aparecem, em sua plenitude de ser, no sistema completamente configurado". Também procede a sua crítica ao estudo de frações concretas da ordem jurídica, sem a necessária visão do conjunto (o que ele denomina de "crise da especialização").[199]

Mas é evidente que a dogmática não pode se ater apenas aos grandes temas do direito. O estudo do microcosmo é necessário para o próprio desenvolvimento da ciência jurídica. O que não pode se admitir é empreender essa tarefa como se o objeto do estudo fosse, por assim dizer, despregado do todo, que é o sistema jurídico.

É por essa razão que, antes de adentrarmos ao tema específico deste trabalho, discorremos sobre a disciplina do ICMS, primeiro no altiplano constitucional e, depois, nas demais dobras do sistema jurídico.

---

199. ROBLES, Gregorio. *O direito como texto*. Quatro estudos da teoria comunicacional do direito. São Paulo: Manole, 2005, p. 10-11.

Passamos, agora, a analisar a incidência desse imposto na modalidade específica da importação.

5.1 Incidência das normas jurídicas

Pontes de Miranda concebe a incidência como automática e infalível: basta a existência da regra jurídica, que ela incidirá, independentemente da vontade ou do arbítrio de quem quer que seja. Em sua visão, a regra jurídica irá incidir sobre todos os casos que ela tem como atingíveis, não ficando ao arbítrio de alguém a sua incidência ou não. A causalidade jurídica prende-se à estrutura do pensamento humano e à sua descoberta de adotar, para os fatos, regras que incidam. As regras jurídicas incidem porque foram concebidas para esse processo pelo homem. Em outras palavras, existindo a regra jurídica, a sua incidência será infalível, não dependendo do arbítrio ou da vontade humana.[200]

A concepção de incidência formulada por Pontes de Miranda está ligada aos princípios da lógica clássica. Na lógica alética, não há falibilidade ou contradições.[201]

De forma análoga, a incidência é uma lei lógica, que se depreende de sua própria razão de existir: ela incide porque foi concebida logicamente para essa finalidade. Assim, por ser meramente um esquema lógico, cuja veracidade independe de comprovação, supera a própria ciência, cujos postulados devem ser provados empiricamente.

---

200. MIRANDA, Pontes de. *Tratado de direito privado*. Parte geral. Tomo I. Rio de Janeiro: Borsoi, 1954, p. 16 et seq.

201. Dada, por exemplo, uma relação de implicação formal $(p \rightarrow q)$. Essa relação é válida em todos os casos, exceto, por definição, se "p" for falso e "q" for verdadeiro. Não importa a verificação empírica da ocorrência ou não da falsidade ou da verdade das variáveis: a estrutura lógica sempre será mantida nos limites em que foi previamente definida.

INCIDÊNCIA DO ICMS NAS OPERAÇÕES DE IMPORTAÇÃO

O modelo proposto por Paulo de Barros Carvalho, contudo, parte de premissa diversa. A regra jurídica, geral e abstrata, somente incidirá, ou seja, somente será aplicada pela ação do agente competente, que irá relatar o evento em linguagem competente, constituindo o fato jurídico, o que permite dizer que, sem a intervenção humana, não há incidência da norma.[202]

A incidência é fenômeno jurídico que representa a aplicação da norma geral e abstrata. Em termos lógicos, aperfeiçoa-se por meio de duas operações: uma de subsunção, ou de inclusão de classes, e outra de imputação. A norma geral e abstrata, que incidirá, contém critérios de identificação do fato jurídico e da relação jurídica. Suas proposições (hipótese e consequente) são classes de infinitos fatos e de infinitas relações.

No plano semântico, a norma geral e abstrata, cujo conteúdo significativo comporta inúmeras significações, passa a ter apenas uma significação: o fato jurídico no antecedente e a relação jurídica no consequente.

No plano pragmático, a incidência se perfaz em dois momentos: um de interpretação e outro de constituição. O intérprete analisa os enunciados prescritivos juntamente com aqueles que o remetem ao evento que guarda pertinência aos critérios de identificação da norma geral e abstrata e constitui, para o mundo jurídico, com a inserção no sistema da norma individual e concreta, o fato jurídico e a relação jurídica que anteriormente não existiam para o direito.

O instituto da incidência requer a presença do homem para, da norma geral e abstrata, construir a norma individual e concreta, e, por isso, não é correto afirmar que a incidência é automática e infalível, pois de nada adianta a verificação de um fato que guarde correspondência aos critérios de identificação

---

202. CARVALHO, Paulo de Barros. *Direito tributário*. Fundamentos jurídicos da incidência. 7. ed. São Paulo: Saraiva, 2009, p. 9 et seq.

da hipótese de norma geral e abstrata, se não existir o homem para constituir este fato como jurídico, imputando-lhe os efeitos que lhe são próprios.

A fenomenologia da incidência da norma tributária ocorre da mesma forma que todas as demais regras de direito: opera-se a concreção do fato previsto na hipótese, propagando-se os efeitos jurídicos previstos na consequência. Há subsunção quando o fato (fato jurídico tributário constituído em linguagem competente) guarda absoluta identidade com o desenho da hipótese (hipótese tributária). Para que ocorra a subsunção, é necessário que a correspondência do fato à hipótese normativa seja completa. Para que seja possível falar em fato jurídico tributário, exige-se que o evento ocorrido no mundo fenomênico, descrito no suposto da norma individual e concreta, satisfaça a todos os critérios identificadores tipificados na hipótese da norma geral e abstrata (tipicidade tributária).[203]

Vejamos, portanto, quais são os critérios que devem ser observados para a correta aplicação da norma jurídica tributária que irá documentar a incidência do ICMS nas operações de importação.

5.2 Critérios da hipótese da regra-matriz de incidência

Como aponta Paulo de Barros Carvalho, "o fato jurídico tributário é constituído por um enunciado protocolar, denotativo, relatando evento pretérito que se consolidou numa unidade de tempo e num ponto do espaço social".[204]

É na hipótese da regra-matriz de incidência que há a descrição objetiva do fato: o comportamento de pessoas, representado por um verbo e seu complemento (critério material),

---

203. CARVALHO, Paulo de Barros. *Curso de direito tributário*. 17. ed. São Paulo: Saraiva, 2005, p. 250.
204. Ibid., p. 406.

INCIDÊNCIA DO ICMS NAS OPERAÇÕES DE IMPORTAÇÃO

delimitado por condições espaciais (critério espacial) e temporais (critério temporal).[205]

5.2.1 Critério material

O ICMS incide sobre "operações de importação de mercadorias", como resta claro pela parte final insculpida no inciso II do art. 155 da Constituição:

> Art. 155. Compete aos Estados e ao Distrito Federal instituir impostos sobre:
>
> [...]
>
> II – operações relativas à circulação de mercadorias e sobre prestações de serviços de transporte interestadual e intermunicipal e de comunicação, ainda que as operações e as prestações se iniciem no exterior.

A alínea "a" do inciso IX do § 2º desse dispositivo constitucional esclarece que o imposto incidirá também:

> a) sobre a entrada de bem ou mercadoria importados do exterior por pessoa física ou jurídica, ainda que não seja contribuinte habitual do imposto, qualquer que seja a sua finalidade, assim como sobre o serviço prestado no exterior, cabendo o imposto ao Estado onde estiver situado o domicílio ou o estabelecimento do destinatário da mercadoria, bem ou serviço.

O inciso I do § 2º da Lei Complementar n. 87/96 dispõe, em sentido semelhante, que o ICMS incide "sobre a entrada de mercadoria ou bem importados do exterior, por pessoa física ou jurídica, ainda que não seja contribuinte habitual do imposto, qualquer que seja a sua finalidade".

---

205. CARVALHO, Paulo de Barros. *Curso de direito tributário*. 17. ed. São Paulo: Saraiva, 2005, p. 257.

LUCIANO GARCIA MIGUEL

Como aponta Paulo de Barros Carvalho, a literalidade do texto poderia levar o intérprete a concluir que o núcleo tributável pelo ICMS seria a mera entrada de mercadoria importada do exterior no território nacional. [206]

Esse erro é facilmente constatável por meio de uma análise sistemática do texto constitucional. Como foi demonstrado, o ICMS não incide sobre mercadorias, mas sobre operações relativas à circulação de mercadorias. A linguagem cotidiana nos leva a incorrer em sérios erros na hipótese de não serem tomados os devidos cuidados na construção do discurso científico. É comum nos referirmos à incidência de tributos sobre a renda (imposto de renda), sobre imóveis (imposto sobre a propriedade imobiliária) ou sobre serviços (imposto sobre serviços).

Contudo, ao construirmos a regra geral e abstrata que prevê a incidência desses tributos, constatamos que o aspecto material, previsto em sua hipótese, revela invariavelmente um verbo que expressa uma ação ou estado. Assim, o aspecto material do imposto sobre a renda é "auferir renda"; do imposto sobre a propriedade imobiliária, "ser proprietário de imóvel"; e do imposto sobre serviços, "prestar serviços".

Da mesma forma, o ICMS não incide sobre mercadorias, mas sobre "operações" relativas à circulação de mercadorias. Também não incide sobre serviços de comunicação e de transporte interestadual e intermunicipal, mas sobre as "prestações" desses serviços.

Portanto, o ICMS não incide sobre mercadorias importadas, mas sobre operações de importação de mercadorias.

Esclarecemos que, embora entendamos que mercadoria é gênero do qual bem é espécie, concordamos com Paulo de

---

206. CARVALHO, Paulo de Barros. *Direito tributário, linguagem e método.* São Paulo: Noeses, 2008, p. 673 et seq.

INCIDÊNCIA DO ICMS NAS OPERAÇÕES DE IMPORTAÇÃO

Barros Carvalho que esses termos, quando relacionados com as operações de importação sujeitas à incidência do ICMS, têm significados idênticos: "todo bem importado configura, de certa forma, uma mercadoria, pois decorrente de operação jurídica que acarretou a transferência de sua titularidade (de sujeito situado no exterior para pessoa estabelecida no território nacional)".[207]

A amplitude da redação do texto constitucional, ademais, nos leva a considerar que a incidência do imposto na operação de importação é ampla e independe de quaisquer considerações sobre o destino a ser dado à mercadoria importada:

> É irrelevante que a mercadoria importada seja destinada a uso ou consumo da pessoa jurídica ou da pessoa física ou que se destine à revenda. É irrelevante, ainda, que o importador pratique habitualmente o comércio. O conceito de mercadoria deve ser sempre apreendido do ponto de vista de quem promove a operação de circulação, não do ponto de vista do adquirente. Se assim não fosse, inexistiria incidência nas operações de circulação no varejo em que se dá a aquisição para o consumo. A única peculiaridade da incidência do ICMS nas importações está no fato de que o sujeito passivo, em lugar de ser a pessoa que promove a exportação (sediada no exterior), é o adquirente-importador.[208]

Tema que deve ser decidido brevemente pelo STF é se o ICMS incide nas operações de importação por meio de arrendamento mercantil.

A Lei n. 6.099/74 considera arrendamento mercantil "o negócio jurídico realizado entre pessoa jurídica, na qualidade

---

207. CARVALHO, Paulo de Barros. *Direito tributário, linguagem e método*. São Paulo: Noeses, 2008, p. 673-674.
208. DERZI, Misabel Abreu Machado. Notas. In: BALEEIRO, Aliomar. *Direito Tributário Brasileiro*. 11. ed. Rio de Janeiro: Forense, 2010, p. 380-381.

de arrendadora, e pessoa física ou jurídica, na qualidade de arrendatária, e que tenha por objeto o arrendamento de bens adquiridos pela arrendadora, segundo especificações da arrendatária e para uso próprio desta" (art. 1º, parágrafo único).

Essa é a modalidade tradicional do arrendamento mercantil e tem, como se pode depreender da leitura do dispositivo citado, a participação de duas pessoas: a arrendadora (pessoa jurídica que adquire o bem de terceiro) e a arrendatária (pessoa física ou jurídica que arrenda o referido bem para o seu uso).

Sob o manto desse contrato tipificado em nosso ordenamento se abriga um complexo de relações jurídicas, cuja análise não cabe nos estreitos limites que dedicaremos a esse tema. O que nos interessa saber é se o ICMS incide ou não em operações de importação que sejam realizadas no abrigo dessa figura jurídica.

O negócio jurídico entabulado entre a arrendadora e a arrendatária é semelhante à locação. E, da mesma forma que não incide o imposto estadual sobre a locação de bens, também não incide sobre o arrendamento de bens. Não ocorre, diz a doutrina, nem em um nem em outro, a translação da propriedade, ou seja, a circulação jurídica da mercadoria, que continua na titularidade da arrendadora. A situação não se altera, segundo os autores pesquisados, pela circunstância de a operação ser interna ou internacional.[209]

Não haveria necessidade, dessa feita, de o inciso VIII do art. 3º da Lei Complementar n. 87/96 esclarecer que não ocorre a incidência do ICMS sobre as operações de arrendamento mercantil (excetuada a eventual venda do bem arrendado ao

---

209. CARRAZZA, Roque Antonio. *ICMS*. 11. ed. São Paulo: Malheiros, 2006, p. 126. MENDONÇA, Christine. O leasing na importação e o ICMS. In: CAMPILONGO, Paulo Antonio Fernandes (Org.). *ICMS*. Aspectos jurídicos relevantes. São Paulo: Quartier Latin, 2008, p. 45-50.

INCIDÊNCIA DO ICMS NAS OPERAÇÕES DE IMPORTAÇÃO

arrendatário). Mas, no nosso ordenamento, é comum a existência de dispositivos que, de forma didática, esclarecem hipóteses em que não ocorre a incidência do gravame.

O STF se manifestou, pela primeira vez, favoravelmente à incidência do ICMS nas operações de importação efetuadas com a utilização de contratos de arrendamento mercantil internacional. Entendeu a Suprema Corte que o ICMS incide "sobre a entrada de mercadoria importada do exterior", não havendo porque, dessa forma, inquirir sobre a "natureza jurídica do negócio internacional do qual decorre a importação, o qual não se encontra ao alcance do Fisco nacional".[210]

A Relatora, Min. Ellen Gracie, sustenta que a incidência do ICMS nas operações de importação prescinde da "verificação da natureza do negócio jurídico ensejador da importação", uma vez que o elemento fático "entrada de mercadoria importada" foi considerado suficiente para caracterizar a circulação jurídica da mercadoria ou do bem.

O negócio jurídico foi entabulado fora das fronteiras nacionais, sob a égide da legislação estrangeira e, por isso, ele é indiferente para caracterizar ou não a incidência tributária nesse país. A Constituição, por isso, presume que a circulação do bem ocorreu na entrada do bem ou mercadoria em território nacional.

A análise dos negócios motivadores da operação de importação, continua a ministra, "traria como consequência uma imensa dificuldade na imposição do tributo sobre a importação de um bem", uma vez que tais negócios poderiam não encontrar paralelo no direito nacional ou, ainda, cujos "contornos, em sede internacional, se revelem distantes dos realizados em território brasileiro".

---

210. RE 206069/SP, Pleno, Rel. Min. Ellen Gracie, DJ 01/09/2006.

Para corroborar esse argumento, cita que um dos elementos que definem o contrato de arrendamento mercantil é a opção que é dada ao arrendatário para, ao final do ajuste, comprar o bem ou devolvê-lo ao arrendador. A eventual devolução do bem do arrendatário brasileiro de volta ao arrendador, "encontra obstáculos naturais, físicos e fáticos, numa indicação de que essa operação internacional talvez não albergue a precariedade da posse sobre o bem, elemento particular do instituto previsto na Lei n. 6.099/74".

Todas essas considerações corroboram a tese de que é desnecessário avaliar a natureza do negócio jurídico subjacente à operação de importação. Não se argumenta, entendemos, que o elemento fático "entrada da mercadoria em território nacional" seja o critério material de incidência do imposto, mas que ele é elemento que presume a circulação jurídica da mercadoria.

O raciocínio, portanto, é mais sutil do que transparece na leitura da ementa, o que poderia levar à conclusão de que houve, no acórdão, confusão entre o critério material e temporal da RMIT.[211]

Em julgado posterior, o STF entendeu que na importação de aeronaves, peças e equipamentos por meio do regime de arrendamento mercantil não há operação de circulação de mercadoria sujeita à incidência do ICMS.[212]

O relator, Min. Eros Grau, argumentou que o ICMS, a teor do disposto do texto constitucional, não incide "sobre a entrada de bem ou mercadoria importada, senão sobre essas entradas desde que elas sejam atinentes a operações relativas à circulação desses mesmos bens ou mercadorias".

---

211. MENDONÇA, Christine. O leasing na importação e o ICMS. In: CAMPILONGO, Paulo Antonio Fernandes (Org.). *ICMS*. Aspectos jurídicos relevantes. São Paulo: Quartier Latin, 2008, p. 45.
212. RE 461968/SP, Pleno, Rel. Min. Eros Grau, DJ 24/08/2007.

INCIDÊNCIA DO ICMS NAS OPERAÇÕES DE IMPORTAÇÃO

Por essa razão, entende que o imposto não incide sobre a hipótese analisada, importação de aeronaves, equipamentos e peças mediante contrato de arrendamento mercantil que não prevê a possibilidade de aquisição posterior pelo arrendatário.

Foi essa circunstância, segundo o relator, que o levou a considerar que nesse caso em particular não há incidência do imposto, de forma diversa do arresto anteriormente citado.[213]

Contudo, embora não haja uma total identidade entre as situações fáticas, o primeiro julgado entendeu ser desnecessária a análise do negócio jurídico que embasa a operação de importação para concluir sobre a incidência do imposto; no segundo, a análise do negócio jurídico passa a ser determinante para essa conclusão.

Não há como afirmar, portanto, que a jurisprudência do STF sobre este tema está assentada.[214] O Min. Gilmar Mendes, ao analisar novamente a matéria, reconheceu a divergência de orientação da Corte e, por esse motivo, reconheceu a repercussão geral do caso em análise.[215]

5.2.2 Critério espacial

O grau de elaboração do critério espacial da hipótese tributária permite classificar os tributos em três gêneros: (i) "hipótese cujo critério faz menção a determinado local para a ocorrência do fato típico" (tributos que gravam o comércio

---

213. O Min. Eros Grau acompanhou o voto da Min. Ellen Gracie no RE 206.069.
214. RE 206.069, Tribunal Pleno, Rel. Min. Ellen Gracie, DJ 01/09/2006; RE 461.968, Pleno, Rel. Min. Eros Grau, DJ 24/08/2007; RE 556.316, 2ª Turma, Rel. Min. Gilmar Mendes, DJ 18/04/2008, estando pendente de julgamento o RE 226.899, Rel. Min. Ellen Gracie, que votou pela incidência do imposto na operação.
215. RE 540829, Rel. Min. Gilmar Mendes, DJ 26/08/2010.

exterior); (ii) "hipótese em que o critério espacial alude a áreas específicas, de tal sorte que o acontecimento apenas ocorrerá se dentro delas estiver geograficamente contido" (tributos que incidem sobre bens imóveis); (iii) hipótese de critério genérico, "onde todo e qualquer fato, que suceda sob o manto da vigência territorial da lei instituidora, estará apto a desencadear os seus efeitos peculiares" (todos os demais tributos).[216]

O ICMS, regra geral, pertence ao terceiro grupo:

> Seja qual for o lugar em que o fato ocorra, dentro da latitude eficacial da norma, dão-se por propagados seus legítimos efeitos, não havendo falar-se de pontos particularmente determinados, ou de sub-regiões zelosamente delineadas. O critério espacial coincide, nestas hipóteses, com o âmbito de validade territorial da lei.[217]

Contudo, não é o caso da incidência desse imposto nas operações de importação. O critério material, como foi visto, não pode deixar de ser a circulação de mercadoria, mas, dessa feita, sob a especificidade de que se trata de mercadoria importada. Nessa hipótese, o fato jurídico tributário irá ocorrer em locais específicos, correspondentes às repartições aduaneiras onde serão desembaraçadas as mercadorias importadas (que corresponde ao critério temporal da RMIT, conforme se demonstrará no item seguinte).

5.3.3 Critério temporal

Para que ocorra a incidência, não basta delimitar o núcleo da hipótese de tributação, mas também o exato instante

---

216. CARVALHO, Paulo de Barros. *Curso de direito tributário*. 17. ed. São Paulo: Saraiva, 2005, p. 262.
217. Ibid., p. 261-262.

INCIDÊNCIA DO ICMS NAS OPERAÇÕES DE IMPORTAÇÃO

em que nasce a obrigação tributária. Paulo de Barros Carvalho esclarece:

> Compreendemos o critério temporal da hipótese tributária como o grupo de indicações, contidas no suposto da regra, e que nos oferecem elementos para saber, com exatidão, em que preciso instante acontece o fato descrito, passando a existir o liame jurídico que amarra devedor e credor, em função de um objeto – o pagamento de certa prestação pecuniária.[218]

Há posição da doutrina que entende que, com base no texto constitucional, somente é possível cogitar a incidência do ICMS na importação de mercadorias para que ocorra a sua integração no ciclo econômico e, dessa forma, o único critério temporal possível é a entrada da mercadoria no estabelecimento do destinatário.[219]

Essa posição se fundamenta no argumento de que o ICMS irá incidir sempre sobre operação de cunho mercantil, sendo irrelevante, para tanto, o lugar que tenha ocorrido o seu início:

> Na realidade, o que estamos querendo deixar patenteado é que o fato importação não despe o ICMS ora em estudo de seu caráter mercantil. A importação, para fins de incidência de ICMS, há de ser relativa à circulação de mercadorias. O fundamental é que o bem, por força de uma operação mercantil, ingresse no País para ser introduzido no ciclo comercial.[220]

Não obstante, o desembaraço aduaneiro da mercadoria importada foi critério temporal escolhido pela Lei Complementar

---

218. CARVALHO, Paulo de Barros. *Curso de direito tributário*. 17. ed. São Paulo: Saraiva, 2005, p. 169.
219. CARRAZZA, Roque Antonio. *ICMS*. 11. ed. São Paulo: Malheiros, 2006, p. 63.
220. Ibid., p. 61.

87/96 para marcar o momento em que a obrigação torna-se exigível: "art. 12. Considera-se ocorrido o fato gerador do imposto no momento: IX – do desembaraço aduaneiro de mercadorias ou bens importados do exterior".

Com a devida vênia, entendemos que não há impedimento constitucional para que a lei fixe o desembaraço aduaneiro como o critério temporal da incidência do ICMS nas operações de importação.

Importar é ato que, em apertada síntese, significa introduzir mercadoria estrangeira no território nacional. Esse ato, contudo, nada tem de singelo. É, na verdade, um conjunto de atos intermediários que, em sua unidade, são denominados importação. Se um acontecimento pode desdobrar-se em várias fases, nada obsta que a lei escolha uma determinada etapa para precisar o instante em que a incidência tenha ocorrido.[221]

A jurisprudência do STF está, há algum tempo, pacificada em relação a esse tema. Nos termos da Súmula 661 é legítima a cobrança do ICMS por ocasião do desembaraço aduaneiro de mercadoria importada do exterior. Contudo, é interessante analisar os fundamentos que levaram a Suprema Corte a essa definição.

A Carta anterior dispunha, no art. 23, § 11, que o imposto estadual "incidirá, também, sobre a entrada, em estabelecimento comercial, industrial ou produtor, de mercadoria importada do exterior por seu titular, inclusive quando se tratar de bens destinados a consumo ou ativo fixo do estabelecimento".

A atual Constituição, por sua vez, dispôs na redação original do art. 155, § 2º, IX, "a" (que foi posteriormente alterada

---

221. AMARO, Luciano da Silva. *Direito tributário brasileiro*. São Paulo: Saraiva, 1997, p. 253-254.

INCIDÊNCIA DO ICMS NAS OPERAÇÕES DE IMPORTAÇÃO

pela Emenda Constitucional n. 33, de 2001), que o ICMS incide "sobre a entrada de mercadoria importada do exterior [...] cabendo o imposto ao Estado onde estiver situado o estabelecimento destinatário da mercadoria ou do serviço".

No julgamento que estabeleceu o entendimento quanto ao critério temporal da incidência da regra-matriz do ICMS na operação de importação de mercadorias, o STF cotejou a redação dos dispositivos da anterior e da atual Constituição que disciplinam essa matéria:

> Afora o acréscimo decorrente da introdução de serviços no campo da abrangência do imposto em referência, até então circunscrito à circulação de mercadorias, duas alterações foram feitas pelo constituinte no texto primitivo (art. 23, § 11, da Carta de 1969), a primeira, na supressão das expressões: "a entrada, em estabelecimento comercial, industrial ou produtor, de mercadoria importada do exterior por seu titular"; e, a segunda, em deixar expresso caber "o imposto ao Estado onde estiver situado o estabelecimento destinatário da mercadoria". Alterações que tiveram por consequência lógica a substituição da entrada da mercadoria no estabelecimento do importador para o do recebimento da mercadoria importada, como aspecto temporal do fato gerador do tributo, condicionando-se o desembaraço da mercadoria ou do bem importado ao recolhimento, não apenas dos tributos federais, mas também do ICMS incidente sobre a operação.[222]

O relator, Min. Ilmar Galvão, explicita, em seu voto, que foi a alteração introduzida em relação ao critério temporal da incidência do ICMS nas operações de importação que forçou a definição do Estado competente para a exigência do imposto.

---

222. RE 144.660/RJ, Pleno, Rel. (para o acórdão) Min. Ilmar Galvão, DJ 21/11/1997. No mesmo sentido: RE 193.817/RJ, Pleno, Rel. Min. Ilmar Galvão, DJ 10/08/2001.

No sistema anterior o Estado credor "não poderia ser outro senão o da situação do estabelecimento". Com a alteração do marco temporal, a definição tornou-se imprescindível, uma vez que, como ocorre com frequência, a mercadoria pode ingressar em terminal situado em Estado diverso daquele em que está domiciliado o adquirente.

Prossegue afirmando que a nova Carta consagrou a pretensão dos Estados de condicionarem o desembaraço da mercadoria importada ao recolhimento do ICMS incidente na operação, o que reduz "praticamente a zero a sonegação, com simultânea redução de fiscalização, sem gravame maior para o contribuinte".

Ao final, prevaleceu a posição do Min. Ilmar Galvão, em votação apertada, desempatada pelo presidente do Tribunal.[223]

Enfim, é no momento do desembaraço de mercadorias importadas do exterior que se estabelece a relação jurídico--tributária que obriga ao pagamento do imposto. [224]

---

223. Votaram no mesmo sentido de Ilmar Galvão: Moreira Alves, Octavio Gallotti, Sydney Sanches, Celso de Mello, Sepúlveda Pertence (presidente). Vencidos: Marco Aurélio, Maurício Corrêa, Francisco Rezek, Carlos Velloso, Neri da Silveira.

224. Desembaraço, sem qualificação. É por essa razão, por exemplo, que entendemos que há incidência do ICMS no desembaraço de mercadoria, mesmo que destinada a regime de entreposto aduaneiro.

Conforme o disposto no artigo 335 do Regulamento Aduaneiro, "o regime de entreposto aduaneiro é o que permite, na importação e na exportação, o depósito de mercadorias, em local determinado, com suspensão do pagamento de tributos e sob controle fiscal". O artigo 345 do mesmo regulamento esclarece que o regime de entreposto aduaneiro na importação "subsiste a partir da data do desembaraço aduaneiro das mercadorias, para sua admissão no regime".

Da mesma forma, a Instrução Normativa n. 241, de 06/11/2002, que dispõe sobre a aplicação do regime aduaneiro especial de admissão temporária, prevê expressamente no § 1º do artigo 21 que esse regime "será concedido mediante o desembaraço aduaneiro das mercadorias constantes da respectiva declaração de admissão".

INCIDÊNCIA DO ICMS NAS OPERAÇÕES DE IMPORTAÇÃO

5.3 Critérios do consequente da regra-matriz de incidência

Constituído o fato jurídico tributário no antecedente da regra-matriz de incidência, instaura-se, no consequente, a relação jurídica tributária, ou seja, "o vínculo abstrato, segundo o qual, por força da imputação normativa, uma pessoa, chamada de sujeito ativo, tem o direito subjetivo de exigir de outra, denominada sujeito passivo, o cumprimento de certa prestação".[225]

No consequente da regra-matriz de incidência, portanto, haverá informações que permitem identificar os elementos que constituem esse laço obrigacional: o sujeito ativo e o sujeito passivo (critério pessoal) e, combinados alíquota e base de cálculo, que exprimem o efetivo valor da prestação (critério quantitativo).[226]

5.3.1 Critério pessoal

O vínculo jurídico instaurado no consequente da regra-matriz se estabelece entre pessoas, sendo necessários pelo

---

Citamos, ainda, o Decreto n. 4.543, de 26/12/02, que "regulamenta a administração das atividades aduaneiras, e a fiscalização, o controle e a tributação das operações de comércio exterior", cujo artigo 361 dispõe expressamente que "a mercadoria poderá permanecer no regime de entreposto aduaneiro na importação pelo prazo de até um ano, prorrogável por período não superior, no total, a dois anos, contados da data do desembaraço aduaneiro de admissão".

Conclui-se, portanto, pelas normas citadas, que há ocorrência de fato gerador de ICMS nas operações com mercadorias admitidas no mencionado regime especial de entreposto aduaneiro na importação, não obstante ser admissível, pela legislação competente, a suspensão dessa exigência para o posterior desembaraço para consumo.

225. CARVALHO, Paulo de Barros. *Curso de direito tributário.* 17. ed. São Paulo: Saraiva, 2005, p. 286.

226. Ibid., p. 300.

menos dois sujeitos para que se possa configurar uma relação jurídica. Ao direito do sujeito ativo corresponde o correlato dever do sujeito passivo, ou seja, o direito subjetivo do credor somente existe como uma relação que se estabelece com o dever jurídico do devedor de cumprir a prestação.

5.3.1.1 Critério constitucional para determinação do sujeito ativo e do sujeito passivo

O sujeito ativo titular do direito subjetivo de exigir a prestação pecuniária pode ser: (i) pessoas jurídicas de direito público, investidas de capacidade política, dotadas de poder legislativo e habilitadas a inovar a ordem jurídica pela edição de normas; (ii) pessoas jurídicas de direito público, sem competência tributária, mas credenciadas à titularidade de direitos subjetivos; (iii) pessoas jurídicas de direito privado que exercitam funções de grande interesse para o desenvolvimento de finalidades públicas (entidades paraestatais); (iv) pessoa física que, em determinado momento, desempenhe atividade exclusiva e de real interesse público.[227]

A princípio, pouca dúvida deveria haver em saber qual o sujeito ativo competente para exigir o ICMS incidente sobre operação de importação de mercadorias. Segundo a Constituição, o ICMS é devido "ao Estado onde estiver situado o domicílio ou o estabelecimento do destinatário da mercadoria, bem ou serviço".

A definição de quem é o sujeito ativo competente, portanto, está umbilicalmente ligada à questão de quem é o sujeito passivo dessa relação. Sujeito passivo da relação jurídica tributária é a pessoa (física ou jurídica, privada ou pública) de quem se exige o cumprimento da prestação: (i) pecuniária,

---

227. CARVALHO, Paulo de Barros. *Curso de direito tributário*. 17. ed. São Paulo: Saraiva, 2005, p. 301.

INCIDÊNCIA DO ICMS NAS OPERAÇÕES DE IMPORTAÇÃO

nas relações obrigacionais; ou (ii) instrumental, nas relações que veiculam deveres instrumentais ou formais.[228]

Há uma forte corrente doutrinária que defende que o sujeito passivo somente pode ser determinado a partir da análise das normas constitucionais que definem a competência tributária das pessoas políticas internas.

Será sujeito passivo, no sistema tributário brasileiro, a pessoa que provoca, desencadeia ou produz a materialidade da hipótese de incidência de um tributo (como inferida da Constituição) ou "quem tenha relação pessoal e direta" – como diz o art. 121, parágrafo único, I do CTN – com essa materialidade. Efetivamente, por simples comodidade ou por qualquer outra razão, não pode o Estado deixar de colher uma pessoa, como sujeito passivo, para discricionária e arbitrariamente, colher outra.

Não pode a lei atribuir a sujeição passiva a quem não tenha sido nitidamente referido no desígnio constitucional; a quem não seja o destinatário da carga tributária, segundo a referência constitucional (peculiaridade do nosso sistema de Constituição minuciosa e exaustiva, de discriminação tributária rígida).[229]

Paulo de Barros Carvalho também segue na mesma linha, ao afirmar que o texto constitucional não define quem é o sujeito passivo dos tributos, reportando-se genericamente a um evento ou a bens, deixando ao legislador ordinário a tarefa de estabelecer a estrutura da hipótese normativa, bem como escolher o sujeito que arcará com o dever da prestação pecuniária. Contudo, em razão dos limites constitucionais da sua

---

228. CARVALHO, Paulo de Barros. *Curso de direito tributário*. 17. ed. São Paulo: Saraiva, 2005, p. 304.

229. ATALIBA, Geraldo; GIARDINO, Cleber. Responsabilidade tributária – ICM – substituição tributária (Lei Complementar 44/83). *RDT*, São Paulo: RT, n. 34, 1985, p. 217.

competência, o legislador ordinário não pode indicar qualquer pessoa para integrar a obrigação tributária. Esta somente se instaura com sujeito passivo que integre a ocorrência típica, seja direta ou indiretamente unida ao núcleo da situação tributada.[230]

Como ressalta Geraldo Ataliba,

> É sujeito passivo, em regra, uma pessoa que está em conexão íntima (relação de fato) com o núcleo (aspecto material) da hipótese de incidência. Ao exegeta incumbe desvendar esta conexão, nos casos em que a lei não explicita tal circunstância. Muitas vezes a lei contém indicação pormenorizada, explícita e precisa – embora conceitual – do sujeito passivo, simplificando a exegese.[231]

Essa constatação decorre do mecanismo de distribuição das competências tributárias efetuada pela Constituição. Competência tributária é uma das parcelas entre as prerrogativas legiferantes de que são dotadas as pessoas políticas e se consubstancia na possibilidade de legislar para a produção de normas jurídicas sobre tributos.

Como já tivemos a oportunidade de expor, a Constituição não criou os tributos. Ela cuidou apenas de delimitar os estreitos campos de atuação de cada ente federativo para fins de imposição tributária. É óbvio que, dado seu poder soberano, o constituinte poderia ter criado os tributos, todavia preferiu não fazê-lo, cometendo tal atribuição aos entes políticos que dotou de competência, reservando para si, todavia, o desenho do arquétipo tributário e cuidando de traçar a norma-padrão de incidência de cada uma das espécies a serem criadas pela União, Estados, Distrito Federal e Municípios.[232]

---

230. CARVALHO, Paulo de Barros. *Curso de direito tributário*. 17. ed. São Paulo: Saraiva, 2005, p. 322.
231. ATALIBA, Geraldo. *Hipótese de Incidência Tributária*. 6. ed. São Paulo: Malheiros, 2005, p. 86.
232. Ibid., p. 475.

INCIDÊNCIA DO ICMS NAS OPERAÇÕES DE IMPORTAÇÃO

A determinação do sujeito passivo da relação jurídica tributária é, assim, realizada pelo próprio texto constitucional, em decorrência da distribuição das competências tributárias, o que deve ser obedecido pela pessoa política quando, ao exercer essa competência, edita a lei instituidora do tributo:

> Como desdobramento da competência para poder impor os tributos arrolados na Constituição, veiculada por meio da distribuição de materialidades, é que extraímos os sujeitos passivos constitucionais. Por via mais direta, o que estamos propondo é que o constituinte não precisava (e pela técnica constitucional nem deveria) estipular na Constituição quem são os contribuintes dos tributos arrolados, nem mesmo os contribuintes básicos, evidentes. Bastou ele (o constituinte) ter declarado a materialidade desses tributos, que um certo grupo de "contribuintes" estará constitucionalmente fixado.[233]

O acerto dessa posição é facilmente constatável ao analisarmos quem deve ser considerado o sujeito passivo em alguns dos impostos discriminados no texto constitucional. No caso do ICMS, por exemplo, os critérios materiais eleitos – "circulação de mercadorias", "prestação de serviços onerosos de serviços de comunicação" e "prestação de serviços de transporte interestadual e intermunicipal" – somente admitem como sujeitos passivos da relação jurídica tributária que irá se instaurar o comerciante que promover saídas de mercadorias, o prestador de serviços onerosos de comunicação e o prestador de serviços de transporte, respectivamente. Em consequência, a eleição como sujeito passivo de uma pessoa que não se enquadre nessas figuras importa em desrespeito à norma constitucional que repartiu a competência tributária.

---

233. BECHO, Renato Lopes. *Sujeição passiva e responsabilidade tributária.* São Paulo: Dialética, 2000, p. 89.

Na operação de importação, o sujeito passivo, em regra, será a pessoa física ou jurídica que promover a importação, ou seja, que introduzir a mercadoria importada no mercado interno.

É bem verdade que a redação original do art. 155, § 2º, IX, "a", autorizava a interpretação que preconiza que não haveria a incidência do ICMS nas importações de bens para uso próprio efetuadas por não contribuinte do imposto, pessoa física ou jurídica, desde que sem caráter de habitualidade.

Essa vertente interpretativa foi encampada pelo STF. Argumentou o Min. Maurício Corrêa, relator do julgamento que definiu a posição da Corte sobre o tema, que a incidência do ICMS na importação de mercadoria somente ocorre se a operação tiver natureza mercantil, sendo inexigível o imposto quando se tratar de mercadoria importada por não comerciante, para o seu uso próprio. Como não haverá operação seguinte sujeita à incidência do ICMS, o adquirente não poderá compensar o que pagou a esse título na operação anterior, o que resulta em ofensa ao princípio da não-cumulatividade.[234]

Com a nova redação do citado dispositivo pela Emenda Constitucional n. 33/2001, novamente a matéria voltou a ser controvertida. Roque Antonio Carrazza sustenta que a alteração promovida é inconstitucional, uma vez que fere direito fundamental do contribuinte (cláusula pétrea).[235]

A edição da Súmula n. 660 não esclareceu a posição do STF após a referida emenda constitucional. De fato, nos termos da súmula, não incide ICMS na importação de bens por pessoa física ou jurídica que não seja contribuinte do imposto, em período anterior à Emenda Constitucional

---

234. RE 203.705/DF, Pleno, Rel. (para o acórdão) Min. Maurício Corrêa, DJ 29/10/1999.

235. CARRAZZA, Roque Antonio. *ICMS*. 11. ed. São Paulo: Malheiros, 2006, p. 73.

INCIDÊNCIA DO ICMS NAS OPERAÇÕES DE IMPORTAÇÃO

n. 33/2001, o que leva, portanto, a questionar qual a solução para o período posterior.

Nesse sentido, está pendente de julgamento dois recursos extraordinários que versam sobre a incidência de ICMS na importação de equipamento médico por sociedade civil não contribuinte do imposto, após a Emenda Constitucional n. 33/2001.[236]

Entendemos que a nova redação dada ao art. 155, § 2º, IX, "a", da Constituição, não mais autoriza a interpretação que não incide ICMS na operação de importação efetuada por pessoa física ou jurídica, não contribuinte do imposto, para seu uso próprio.

Não obstante, ainda que o STF venha a decidir em sentido contrário ao nosso entendimento, a excepcionalidade dessa hipótese permite afirmar que, em regra, o sujeito passivo é o importador da mercadoria.

Essa regra também não se altera se o importador estiver estabelecido em Estado diverso daquele em que ocorreu o desembaraço aduaneiro:

> Não interessa, para fins jurídico-tributários, o local onde se dá o desembaraço aduaneiro, pois o ICMS-importação não cabe ao Estado onde ocorreu o ato físico de entrada no território nacional, mas àquele onde se localiza o sujeito passivo do tributo, destinatário da operação importadora.[237]

Roque Antonio Carrazza argumenta que, a prevalecer a tese de que o imposto seria devido ao Estado onde ocorreu o

---

236. RE 439.796/PR, Pleno, Rel. Min. Joaquim Barbosa e RE 594996/RS, Pleno, Rel. Min. Luiz Fux.
237. CARVALHO, Paulo de Barros. *Direito tributário, linguagem e método*. São Paulo: Noeses, 2008, p. 677.

desembaraço aduaneiro, alguns Estados jamais iriam arrecadar esse tributo, "simplesmente porque em seu território não há condições jurídicas para que esse desembaraço ocorra".[238]

De fato, o local de desembaraço aduaneiro não é relevante para determinar quem são os sujeitos ativo e passivo da relação jurídica tributária. A norma constitucional privilegia o destinatário da mercadoria do bem importado para definir o critério pessoal desta relação.

5.3.1.2 Explicitação do critério pessoal pelo STF

Retomando o critério constitucional para determinar quem é o sujeito ativo dessa relação, a parte final do art. 155, § 2º, IX, "a", estabelece que o imposto cabe ao Estado onde estiver situado o domicílio ou o estabelecimento do destinatário da mercadoria, bem ou serviço.

O art. 11, I, "d", da Lei Complementar 87/96, explicitando o conteúdo da norma constitucional, indica que local da operação ou da prestação, para os efeitos da cobrança do imposto e definição do estabelecimento responsável é – tratando-se de mercadoria ou bem importado do exterior – o do estabelecimento onde ocorrer a entrada física da mercadoria ou bem.

Isso significa que, ao passo que a norma constitucional refere singelamente que o sujeito ativo é aquele em que está situado o destinatário do bem ou mercadoria, a norma complementar especifica que esse destinatário deve ser entendido como aquele em que ocorreu, em primeiro lugar, a entrada física do referido bem ou mercadoria.

O Supremo Tribunal Federal proferiu dois acórdãos paradigmáticos que trataram desse tema, sendo que o primeiro

---

238. CARRAZZA, Roque Antonio. *ICMS*. 11. ed. São Paulo: Malheiros, 2006, p. 64-65.

INCIDÊNCIA DO ICMS NAS OPERAÇÕES DE IMPORTAÇÃO

julgamento foi realizado pela primeira turma, em 2004 (RE 299.079/RJ, DJ 16/06/2006).

No caso, uma empresa importadora, situada no Estado de Pernambuco, importou mercadoria para revendê-la a empresa situada no Estado do Rio de Janeiro. A mercadoria foi desembaraçada em Duque de Caxias e remetida diretamente à empresa adquirente, estabelecida no Estado do Rio de Janeiro. O imposto incidente na operação foi recolhido ao Estado de Pernambuco e foi reclamado pelo Estado do Rio de Janeiro. Nesta oportunidade, o STF entendeu que é competente para exigir o imposto o Estado em que está localizado o destinatário jurídico:

> O sujeito ativo da relação jurídico-tributária do ICMS é o Estado onde estiver situado o domicílio ou o estabelecimento do destinatário jurídico da mercadoria (alínea "a" do inciso IX do § 2º do art. 155 da Carta de Outubro); pouco importando se o desembaraço aduaneiro ocorreu por meio de ente federativo diverso. Recurso extraordinário desprovido.

No voto do Min. Carlos Britto, relator do acórdão, foi explicitado que o texto constitucional, ao se referir ao estabelecimento destinatário, não especificou a que tipo ele se refere: se é final, ou se não é. Assim, o ICMS é devido, nessa hipótese, ao Estado em que está localizado aquele que promoveu juridicamente o ingresso do produto, isto é, o importador.

Não ficou clara, na construção interpretativa, a razão pela qual se optou pelo destinatário jurídico em detrimento do destinatário físico. Se o preceito constitucional não especifica o destinatário, a princípio as duas hipóteses seriam válidas.

Ademais, jamais foi arguida ou mesmo citada de passagem no STF a inconstitucionalidade do artigo 11, I, "d", da Lei Complementar n. 87/96 ou das vinte e sete leis estaduais que, de algum modo, vinculam a sujeição ativa do Estado ao território do estabelecimento onde ocorrer a entrada física. Não ficou claro, à luz desta decisão do STF, qual o papel dos locais do desembaraço aduaneiro e da circulação física da mercadoria para a determinação da sujeição ativa do imposto.

Em 2005, o mesmo órgão julgador, ou seja, a primeira turma do STF analisou recurso extraordinário em que uma empresa importadora, estabelecida no Estado do Espírito Santo, desembaraçou mercadorias no porto de Santos e as remeteu diretamente ao estabelecimento da empresa adquirente, estabelecida no Estado de São Paulo (RE 268.586/SP, DJ 18/11/2005).

Os aspectos fáticos merecem ser detalhados, para uma melhor compreensão do debate que se instaurou na Corte Suprema:

> a) nas guias de importação, consta como importadora a Sociedade Comercial Oceania;
>
> b) a empresa importadora mantinha, com a ora recorrente, "acordo comercial FUNDAP", figurando como consignatária;
>
> c) a importadora promoveu o desembaraço das mercadorias, recolhendo os tributos devidos;
>
> d) o ICMS foi pago ao Estado do Espírito Santo;
>
> e) o desembaraço aduaneiro realizou-se no Porto de Santos;
>
> f) na nota fiscal, a importadora debitou o ICMS;
>
> g) a recorrente promoveu o crédito, visando a compensar o imposto devido no Estado de São Paulo na posterior venda dos produtos;
>
> h) as mercadorias importadas não entraram fisicamente no estabelecimento do importador;
>
> i) as mercadorias importadas não transitaram no Estado do Espírito Santo;

INCIDÊNCIA DO ICMS NAS OPERAÇÕES DE IMPORTAÇÃO

j) ao desembaraço alfandegário, no Porto de Santos, seguiu-se a entrada das mercadorias diretamente no estabelecimento da recorrente, situado no Estado de São Paulo.

O imposto incidente na operação foi recolhido ao Estado do Espírito Santo e foi reclamado pelo Estado de São Paulo. Autuada pelo fisco paulista, a empresa adquirente recorreu ao Judiciário que, em decisão final, assim se pronunciou:

> O Imposto sobre Circulação de Mercadorias e Serviços cabe ao Estado em que localizado o porto de desembarque e o destinatário da mercadoria, não prevalecendo a forma sobre o conteúdo, no que procedida a importação por terceiro consignatário situado em outro Estado e beneficiário de sistema tributário mais favorável.

Nesse caso, há uma interessante discussão sobre o fato de a empresa importadora gozar de benefícios fiscais não autorizados pelo CONFAZ em seu Estado de origem. Por ora, interessa discutir os fundamentos da decisão, que ficam evidenciados no voto do Min. Marco Aurélio, relator do acórdão.

Segundo ele, o alcance do art. 155, § 2º, IX, "a", da Constituição, já havia sido elucidado pelo STF em julgamentos anteriores (RE 144.660-9/RJ, RE 192.711-9/SP e RE 193-817-0/RJ):

> Então, a Corte apontou como fato gerador do tributo, revelando-o devido nesse momento, o despacho aduaneiro e, em interpretação sistemática do regime da Carta anterior e do regime atual, entendeu como sujeito ativo do tributo aquele no qual situado o porto em que recebidas as mercadorias, em que realizado o despacho aduaneiro.

Explicando melhor a linha de argumentação, o STF alterou seu entendimento sobre o aspecto temporal da incidência do ICMS nas operações de importação. Ainda sob a égide da Súmula 577, entendia a Corte que o imposto incidia no momento da entrada da mercadoria no estabelecimento do importador.

Com a alteração do texto constitucional, conforme se demonstrou, o STF passou a entender que o aspecto temporal seria o recebimento da mercadoria importada ou, mais especificamente, o seu desembaraço aduaneiro.

Destacado do voto do Min. Ilmar Galvão, relator dos processos acima citados, o seguinte trecho resume a linha de argumentação adotada pelo Min. Marco Aurélio:

> Desnecessário muito esforço interpretativo para concluir-se que a necessidade de definição do Estado competente para a exigência do ICMS decorreu da alteração introduzida quanto ao elemento temporal referido ao fato gerador do tributo, na hipótese em tela, que deixou de ser o momento da entrada da mercadoria no estabelecimento do importador para ser o do recebimento da mercadoria importada.
>
> Com efeito, no sistema anterior, em que tinha a obrigação tributária como surgida no momento da entrada no estabelecimento do importador, não se fazia mister a alusão ao Estado credor, que não poderia ser outro senão o da situação do estabelecimento. Antecipado o elemento temporal para o momento do recebimento da mercadoria, vale dizer, do desembaraço, fez-se ela necessária, tendo em vista que a entrada da mercadoria, não raro, se dá em terminal portuário ou aéreo situado fora dos limites do Estado de destino da mercadoria.

Conclui o Min. Marco Aurélio que, "ante os precedentes mencionados, o Colegiado Maior decidiu ser credor do tributo o Estado onde aportada a mercadoria, ficando mitigada a referência ao estabelecimento destinatário".

Como se pode verificar, o relator não adotou, como critério para determinar a sujeição passiva da relação e, por

INCIDÊNCIA DO ICMS NAS OPERAÇÕES DE IMPORTAÇÃO

consequência, a sujeição ativa, a destinação física ou jurídica do bem ou mercadoria importada, mas o local do desembaraço aduaneiro.

Após a declaração de impedimento do Min. Eros Grau, o Min. Carlos Britto votou em sentido diverso, adotando a mesma posição defendida no RE 299.079/RJ.

Decisivo para o deslinde da questão foi, a nosso sentir, o voto do Min. Cezar Peluso. Inicialmente, ele demonstra a impropriedade do critério decisório adotado pelo Min. Marco Aurélio:

> O termo destinatário, contido no trecho final do art. 155, § 2º, IX, "a", da Constituição, deve ser lido e interpretado em consonância com o preceito que, nesse mesmo texto, combinado com o disposto no inc. II do caput do art. 155, outorga ao Estado competência para instituir ICMS na importação. Ou seja, destinatário da mercadoria é quem figura como contraente no negócio jurídico que dá origem à operação material de importação, seja esta realizada diretamente, seja por intermédio de terceiro, como, p. ex., de prestador de serviço, trading, etc.
>
> Debaixo do ato material da importação, devem discernir-se, pelo menos, duas situações ou hipóteses: i) o importador é o próprio destinatário da importação, porque, como figurante do negócio jurídico subjacente, compra para uso próprio ou para revenda; ou ii) o importador é contratado, mediante outro negócio jurídico, apenas para intermediar e facilitar a celebração do negócio de compra e venda entre o adquirente, que é o destinatário da mercadoria, e o vendedor estabelecido no estrangeiro.
>
> Em ambas hipóteses, o local do desembaraço não tem relevância alguma para efeito de identificação do sujeito passivo do tributo, mas tão só para determinação do aspecto temporal da regra-matriz de incidência, ou seja, para definir o momento em que o tributo se considera devido [...].

Para determinar quem é o sujeito passivo desta relação jurídica é irrelevante, portanto, o local do desembaraço aduaneiro da mercadoria. Segundo o Min. Cezar Peluso, portanto, "o decisivo é saber a quem, segundo o teor do negócio jurídico subjacente ao ato material da importação, é destinada a mercadoria que o próprio adquirente ou, por ele, terceiro traz do exterior. Isto é, quem adquire a mercadoria à importação".

Estamos, portanto, diante de um novo critério: o sujeito passivo é aquele que, a teor do negócio jurídico subjacente, deve ser considerado o destinatário da mercadoria ou bem importado. Note-se que, nessa linha interpretativa, também se privilegia a posição jurídica do contraente sem, contudo, chegar à mesma conclusão do Min. Carlos Britto.

De fato, concluindo o seu voto, o Min. Cezar Peluso entendeu que o negócio jurídico, ou a operação de aquisição da mercadoria no exterior, ocorreu, na realidade, entre a adquirente e a empresa exportadora, agindo a empresa importadora "como representante dos interesses desta e mera consignatária do bem importado".

Finalmente, o Min. Sepúlveda Pertence votou na mesma linha do Min. Cezar Peluso.

Resumindo a posição dos Ministros da primeira turma em relação à determinação do critério pessoal nas operações de importação:

(i) Min. Marco Aurélio: local do desembaraço aduaneiro da mercadoria ou bem importado;

(ii) Min. Carlos Britto: destinatário jurídico (o importador da mercadoria ou bem, em todas as hipóteses);

(iii) Min. Eros Grau: impedido;

(iv) Min. Cezar Peluso: destinatário jurídico (real destinatário da mercadoria, que pode ser o importador ou adquirente);

INCIDÊNCIA DO ICMS NAS OPERAÇÕES DE IMPORTAÇÃO

(v) Min. Sepúlveda Pertence: acompanha a posição do Min. Cezar Peluso.

Podemos, portanto, em relação a esse julgamento, tirar duas conclusões:

(i) o local de desembaraço é irrelevante para determinação do critério pessoal, ou seja, o sujeito ativo e passivo que deve figurar na relação jurídico-tributária do ICMS incidente nas operações de importação;

(ii) esse critério é determinado pelo destinatário jurídico, cujo conceito, contudo, nem sempre é equivalente ao do importador, sendo necessário analisar o quadro fático para que se possa determinar o real destinatário.

Os julgamentos posteriores do STF, de ambas as turmas, confirmaram essa orientação.[239]

5.3.1.3 Importação por "conta própria", por "conta e ordem de terceiro" e "por encomenda"

É possível determinar os sujeitos ativos e passivos desta relação sem maiores esforços na hipótese em que o adquirente efetua, ele mesmo, a operação de importação da mercadoria ou bem.

Como foi demonstrado, o local em que ocorre o desembaraço é indiferente para a determinação do critério pessoal, sendo relevante apenas para fixar o critério temporal, ou seja, o momento em que ocorre a incidência da norma. Portanto,

---

239. AI 635746 AgR-AgR/MG, Rel. Min. Eros Grau, 2ª Turma, DJ 28/03/2008; RE 598051 AgR/SP, Rel. Min. Eros Grau, 2ª Turma, DJ 29/05/2009; RE 590243 AgR/MG, Rel. Min. Ricardo Lewandowski, 1ª Turma, DJ 13/11/2009; RE 430372 AgR/MG, Rel. Min. Joaquim Barbosa, 2ª Turma, DJ 30/04/2010; RE 445544 AgR/MG, Rel. Min. Joaquim Barbosa, 2ª Turma, DJ 07/05/2010); AI 816070 AgR/RS, Rel. Min. Ricardo Lewandowski, 1ª Turma, DJ 01/02/2011.

para saber quem é o sujeito ativo dessa relação, basta perquirir onde está situado o adquirente-importador, sujeito passivo dessa mesma relação.

Se a regra geral é pacífica, o mesmo não ocorre nas hipóteses em que a importação é realizada por um terceiro (importação "por conta e ordem" e importação "por encomenda"). Essas modalidades de importação há muito tempo geram controvérsias e conflitos de competência entre as unidades federadas que disputam a sujeição ativa do ICMS, especialmente nos casos em que o adquirente ou o encomendante se localizam em unidade federada diversa daquela do importador.

Nesse caso, a doutrina também tem advogado que o sujeito ativo competente é aquele em que está domiciliado o importador:

> Caso a importação tenha sido feita para terceiros, mediante contratação de revenda do bem importado, é desnecessário o ingresso físico da mercadoria no estabelecimento do importador, podendo esta ser diretamente remetida ao adquirente interno. Neste caso, temos duas operações: uma de importação; outra interna. E, sendo o destino jurídico do produto importado o critério de determinação do sujeito ativo, este permanece inalterado em face de negócios jurídicos posteriores.[240]

A questão, contudo, não é singela e remete ao cerne do federalismo e da disputa pela arrecadação entre as unidades federadas. Podem ocorrer situações em que o destinatário da mercadoria seja um Estado que, por uma contingência geográfica, não possua fronteiras e nem portos. Entre o desembaraço

---

240. CARVALHO, Paulo de Barros. *Direito tributário, linguagem e método*. São Paulo: Noeses, 2008, p. 677.

INCIDÊNCIA DO ICMS NAS OPERAÇÕES DE IMPORTAÇÃO

aduaneiro e a entrada no estabelecimento do importador, localizado no Estado de Minas Gerais, nos Estados da região Centro-Oeste e em alguns outros sem portos pode haver, por exemplo, estocagem em armazém geral, inclusive num terceiro Estado não envolvido na transação – e a legislação tributária deixa várias dúvidas sobre a competência ativa na operação e mesmo sobre o número de operações comerciais ou prestações de serviço realizadas.

Inicialmente, antes de analisar o critério jurídico para fixar o sujeito ativo e passivo nessas modalidades de importação, é necessário destacar que a importação "por conta e ordem" e "por encomenda", embora tenham como elemento comum a presença de dois sujeitos interessados na operação, são juridicamente distintas.

Na importação "por conta e ordem de terceiro" ocorre mera prestação de um serviço. A *trading company* contratada promove, em seu nome, o despacho aduaneiro de mercadorias adquiridas pela empresa contratante de seus serviços, em razão de contrato previamente firmado, que pode conter uma diversidade de serviços (intermediação comercial, cotação de preços, fechamento de câmbio).[241]

---

241. "A importação por conta e ordem de terceiros é uma operação que se caracteriza por uma prestação de serviços. Ocorre quando uma empresa, denominada importadora, realiza o despacho aduaneiro de mercadorias em seu nome, porém estas mercadorias foram adquiridas com recursos de outra empresa, denominada adquirente. A importadora repassa as mercadorias para a adquirente pelo mesmo valor, destacados os custos de nacionalização.

Desse modo, sendo a empresa importadora uma prestadora de serviços, pode atuar somente efetuando o despacho aduaneiro da mercadoria, como pode também participar de toda a negociação com o exportador no exterior, atuando como intermediário, realizar a cotação de preços, contratar o transporte e o seguro, entre outros serviços, mediante contrato previamente firmado entre as partes. No entanto, os recursos financeiros para a execução da operação são originários da empresa adquirente. Pode-se dizer, assim, que a empresa importadora atua em nome da empresa adquirente, como sua mandatária.

LUCIANO GARCIA MIGUEL

Vale dizer que é a contratante quem pactua a compra e venda internacional, quem tem capacidade econômico-financeira para arcar com o preço dos produtos importados e que presta recursos, para que a *trading company* possa recolher, em seu nome, os tributos incidentes na importação. Portanto, para todos os efeitos fiscais, a importadora de fato e de direito é aquela que contrata os serviços.

De outro lado, na importação "por encomenda", é o importador quem adquire as mercadorias no exterior com recursos próprios e promove o despacho aduaneiro, a fim de promover a futura venda das mercadorias nacionalizadas a uma empresa encomendante, em face de contrato previamente firmado. Nestes termos, a importação "por encomenda" é considerada, sob o ângulo jurídico-fiscal, uma importação direta ou por conta própria.[242]

A legislação aduaneira determina que toda operação realizada com a utilização de recursos de terceiro presume-se por conta e ordem deste.

Fundamentação: art. 27 da Lei n. 10.637/2002; art. 106, §§ 2º e 5º do Decreto n. 6.759/2009 (Regulamento Aduaneiro); art. 5º da Instrução Normativa SRF n. 225/2002". (FISCOSOFT ONLINE. Informações Fiscais e Legais. Disponível em: <http://www.fiscosoft.com.br>. Acesso em: 23 jul. 2011).

242. "Diferentemente da importação por conta e ordem de terceiros, a importação por encomenda é uma operação que se caracteriza por uma revenda. Ocorre quando uma empresa, denominada importadora, adquire mercadorias no exterior, com seus próprios recursos, e promove o despacho aduaneiro de importação em seu próprio nome. Estas mercadorias serão revendidas a uma empresa predeterminada, denominada encomendante, e tal repasse será equivalente a uma operação interna.

Assim, a empresa importadora atua de modo independente, realizando a negociação internacional, adquirindo a mercadoria e realizando o despacho aduaneiro, em seu nome e com seus próprios recursos. No entanto, nada impede que a empresa encomendante participe das operações comerciais. Ao final, a importadora tem a obrigação de revender as mercadorias adquiridas para a empresa encomendante, previamente determinada.

Fundamentação: art. 11 da Lei n. 11.281/2006; art. 106, §§ 3º e 4º do Decreto n. 6.759/2009 (Regulamento Aduaneiro); art. 1º, parágrafo único da Instrução Normativa SRF n. 634/2006".

(FISCOSOFT ONLINE, ibid.).

INCIDÊNCIA DO ICMS NAS OPERAÇÕES DE IMPORTAÇÃO

Importa salientar que é recente a legislação federal que disciplina as duas modalidades de importação. Não obstante, segundo essa disciplina, na importação por conta e ordem de terceiros atuam o importador e o adquirente; na importação por encomenda, o importador e o encomendante.[243]

Em outras palavras, na importação "por encomenda" o sujeito passivo é o mesmo da importação "por conta própria", ou seja, o destinatário é, em ambas as hipóteses, o importador. Na importação "por conta e ordem de terceiros", a solução é diversa.

Como foi demonstrado no item precedente, o STF entende que o sujeito passivo da relação jurídico-tributária instaurada pela incidência do ICMS nas operações de importação é o destinatário jurídico da mercadoria ou bem.

---

243. "Na importação por conta e ordem de terceiros atuam as seguintes pessoas:

1) Importador: é a pessoa jurídica que promove, em seu nome, o despacho aduaneiro de importação de mercadoria adquirida por outra. Deverá haver um contrato firmado previamente entre as partes, que poderá compreender, ainda, outros serviços relativos à operação. Atua como mera mandatária da empresa adquirente.

2) Adquirente: é a pessoa jurídica encomendante da mercadoria importada. Na importação por conta e ordem de terceiros, é quem, de fato, importa a mercadoria, pois dela são originados os recursos financeiros para a realização da operação.

Já na importação por encomenda, os intervenientes são:

1) Importador: é a pessoa jurídica que adquire a mercadoria no exterior e realiza o despacho aduaneiro de importação, por sua conta e em seu nome, para revendê-la a encomendante predeterminado. Deve haver um contrato entre as partes, especificando as operações pactuadas.

2) Encomendante: é a pessoa jurídica determinada em contrato, que fará a aquisição das mercadorias importadas por outra empresa. Pode participar da negociação internacional, porém não pode financiar a operação, ainda que parcialmente.

Fundamentação: art. 1º, parágrafo único da Instrução Normativa SRF n. 225/2002; art. 12, § 1º, II, da Instrução Normativa SRF n. 247/2002; art. 1º, parágrafo único da Instrução Normativa SRF n. 634/2006." (FISCOSOFT ONLINE. Informações Fiscais e Legais. Disponível em: <http://www.fiscosoft.com.br>. Acesso em: 23 jul. 2011).

Em uma análise superficial, poderíamos ser levados a entender que o conceito de destinatário jurídico é determinado pelo fato de não receber fisicamente a mercadoria ou bem. Esse foi, realmente, o sentido empregado pelo Min. Carlos Britto em seu voto no RE 268.586/SP, mas o que prevaleceu, em nosso entender, foi a posição do Min. Cezar Peluso (acompanhado pelo Min. Sepúlveda Pertence). Nessa outra visão, destinatário jurídico é aquele que tem efetivo interesse na importação do bem ou mercadoria, vale dizer, aquele a quem a teor do negócio jurídico subjacente ao ato material da importação, é destinada a mercadoria que o próprio adquirente ou, por ele, terceiro traz do exterior.

No caso da importação "por conta e ordem de terceiro", embora a empresa contratada, normalmente uma *trading company*, possa realizar desde a intermediação da negociação no exterior até o desembaraço aduaneiro da mercadoria ou bem importado, na verdade ela exerce o papel jurídico de mandatária do real destinatário desse bem ou mercadoria.

Por essa razão, nessa hipótese, entendemos que o destinatário jurídico não é o importador, mas o adquirente da mercadoria ou bem importado.

Em síntese, deve ser considerado sujeito passivo:

(i) importação por "conta própria": o importador;

(ii) importação por "conta e ordem": o adquirente;

(iii) importação por "encomenda": o importador.

5.3.1.4 Responsável

O sujeito passivo será sempre alguém que tenha participação pessoal e direta no evento ou bem a que se refere o legislador constitucional, hipótese em que ele é denominado

INCIDÊNCIA DO ICMS NAS OPERAÇÕES DE IMPORTAÇÃO

contribuinte. Caso contrário, sempre que o sujeito escolhido saia da compostura interna do imposto, estaremos frente ao problema da responsabilidade.

A doutrina tradicionalmente aceita a divisão dos sujeitos passivos tributários em contribuintes e responsáveis.[244]

O CTN conceitua o sujeito passivo como a pessoa obrigada ao pagamento de tributo, tratando-o como gênero que é dividido em duas espécies: a) contribuinte, quando tenha relação pessoal e direta com a situação que constitua o respectivo fato gerador (ou seja, com a materialidade do tributo); e b) responsável, quando, sem revestir a condição de contribuinte, sua obrigação decorra de disposição expressa de lei (art. 121, parágrafo único, inc. I e II).

Assim, responsável tributário é espécie de sujeito passivo, e, para que seja considerado sujeito passivo, basta que a lei assim o indique. Entendemos que o gênero *sujeição passiva*, ao ser dividido nas duas espécies previstas no CTN, devem ter denominações distintas, como sujeito passivo constitucional (identificados diretamente a partir do texto constitucional) e sujeitos passivos legais (declarados pela legislação infraconstitucional), por exemplo.[245]

A tarefa de declarar quem é o responsável tributário cabe ao Código Tributário Nacional, uma vez que as normas responsabilizadoras são "normas gerais de direito tributário", cujo fundamento é o atual art. 146 da Constituição, e, também, à legislação das pessoas políticas constitucionais.

É nosso entendimento que nada obsta que as pessoas políticas prevejam em suas legislações hipóteses de imputação de responsabilidade tributária desde que preservados os

---

244. BECHO, Renato Lopes. *Sujeição passiva e responsabilidade tributária.* São Paulo: Dialética, 2000, p. 143.
245. Ibid., p. 85, 90.

157

contornos jurídicos do CTN e, também, obedecidos os princípios constitucionais.

Explicamos nossa posição. Adotamos o entendimento de que o CTN é o instrumento previsto constitucionalmente para veicular normas gerais de direito tributário, categoria na qual se inserem as normas responsabilizadoras. Assim, se não conflitar com o desenho jurídico da norma geral, as pessoas políticas podem legislar especificando o seu conteúdo e alcance.

Mas, quais os limites que o legislador deve observar na edição dessas normas? Maria Rita Ferragut oferece a seguinte interpretação:

> Entendemos que o legislador é livre para eleger qualquer pessoa como responsável, dentre aquelas pertencentes ao conjunto de indivíduos que estejam (i) diretamente vinculadas ao fato jurídico tributário ou (ii) indiretamente vinculadas ao sujeito que o praticou.
>
> Esses limites fundamentam-se na Constituição e são aplicáveis com a finalidade de assegurar que a cobrança do tributo não seja confiscatória e atenda à capacidade contributiva, pois se qualquer pessoa pudesse ser obrigada a pagar tributos por conta de fatos praticados por outras, com quem não detivesse qualquer espécie de vínculo (com a pessoa ou com o fato) o tributo teria grandes chances de se tornar confiscatório, já que poderia incidir sobre o patrimônio do obrigado e não sobre a manifestação de riqueza ínsita ao fato constitucionalmente previsto. Se o vínculo existir, torna-se possível a preservação do direito de propriedade e do não-confisco.
>
> Em certa medida essa interpretação alarga o conteúdo do artigo 128 do CTN, mas permanece de acordo com as regras vigentes no sistema do direito positivo brasileiro. A vinculação indireta ao fato jurídico encontra-se prevista em lei e sobre ela não há o que discutir. O alargamento a que nos referimos aplica-se à vinculação ao

INCIDÊNCIA DO ICMS NAS OPERAÇÕES DE IMPORTAÇÃO

sujeito que realizou o fato, hipótese não expressamente contemplada em lei.[246]

Não é incomum a dificuldade ou mesmo a impossibilidade fática da Administração de receber efetivamente do contribuinte o tributo devido. Essa dificuldade, que não é recente, tem crescido em progressão geométrica, razão pela qual tem proliferado a edição de normas pelas pessoas políticas, imputando a responsabilidade tributária nas hipóteses mais diversas.

O caso específico do ICMS incidente nas operações de importação não foge a essa regra. Podemos citar, como exemplo, a legislação paulista, que considera responsáveis as empresas concessionárias ou permissionárias de portos e aeroportos alfandegados e de recintos alfandegados de zona primária e de zona secundária, outro depositário, ou outra pessoa que promova a entrega ou remessa de mercadoria ou bem importados: (i) sem a apresentação da documentação fiscal ou sem a observância de outros requisitos regulamentares; (ii) sem a autorização do órgão responsável pelo desembaraço ou da Secretaria da Fazenda; ou (iii) a estabelecimento ou pessoa diversos daqueles que a tenham importado (art. 9º, VII, "b", "c" e "d", da Lei n. 6.374/89).

Também é considerada responsável a pessoa que realize intermediação de serviços "iniciados ou prestados no exterior, sem a documentação fiscal ou que tenham sido destinados a pessoa diversa daquela que a tenha contratado" (art. art. 9º, VIII, da Lei n. 6.374/89).

5.3.2 Critério quantitativo

O direito subjetivo de que é titular o sujeito passivo e o correlato dever jurídico do sujeito passivo convergem, no caso

---

246. FERRAGUT, Maria Rita. *Responsabilidade tributária e o Código Civil de 2002*. 2. ed. São Paulo: Noeses, 2009, p. 38.

das obrigações tributárias, a um valor patrimonial. Esse valor é resultado da conjugação de duas entidades: a alíquota e a base de cálculo.[247]

5.3.2.1 Alíquota

A alíquota do ICMS é fixada por lei estadual. Em regra, a mesma alíquota que é aplicada nas operações internas com determinada mercadoria também deve ser aplicada nas operações de importação. Assim, deve se entender que a locução *operações internas*, presente na legislação tributária, compreende, também, as operações de importações.

Entretanto, a expressão *saídas internas*, no âmbito da legislação tributária de São Paulo, refere-se apenas às operações que tiveram início no território nacional. Dessa forma, caso seja prevista uma alíquota menor específica para as "saídas internas" de determinada mercadoria, esse dispositivo não se aplica às operações de importação.

Contra esse entendimento, costuma-se invocar a igualdade de tratamento entre as mercadorias importadas de países que possuem com o Brasil acordos comerciais, como o Acordo Geral sobre Tarifas e Comércio – GATT, sendo tal entendimento pacificado pelo STF na Súmula n. 575.[248]

Dessa forma, o importador deverá verificar na legislação interna de cada unidade federada qual a alíquota será aplicada na operação, que irá variar de acordo com a mercadoria a ser importada.

---

247. CARVALHO, Paulo de Barros. *Curso de direito tributário*. 17. ed. São Paulo: Saraiva, 2005, p. 328.
248. ASHIKAGA, Carlos Eduardo Garcia. *Análise da tributação na importação e na exportação*. 5. ed. São Paulo: Aduaneiras, 2010, p. 80.

INCIDÊNCIA DO ICMS NAS OPERAÇÕES DE IMPORTAÇÃO

5.3.2.2 Base de cálculo

A base de cálculo nas operações de importação, de acordo com o art. 13, V, da Lei Complementar n. 87/96, é composta pela soma dos seguintes valores: (i) o valor da mercadoria ou bem constante dos documentos de importação; (ii) imposto de importação; (iii) imposto sobre produtos industrializados; (iv) imposto sobre operações de câmbio; (v) quaisquer outros impostos, taxas, contribuições e despesas aduaneiras.

5.3.2.2.1 *Valor da mercadoria ou bem*

O valor da mercadoria, em regra, é aquele constante no documento de importação. Contudo, entendemos que a apuração desse valor deve obedecer ao disposto na legislação federal específica que trata da determinação do valor aduaneiro.[249]

Assim como no ICMS, o valor da transação (também em regra) corresponde ao valor aduaneiro, que é aquele que servirá de base de cálculo do imposto de importação, conforme definido no Acordo sobre a Implementação do Artigo VII do Acordo Geral sobre Tarifas e Comércio – GATT 1994 (Acordo de Valoração Aduaneira), promulgado pelo Decreto n. 1.355, de 30 de dezembro de 1994.[250]

O valor da transação é o preço efetivamente pago ou a pagar pelos bens ou mercadorias na operação de importação e deverá ser declarado pelo importador. Contudo, o valor da transação não pode ser utilizado em hipóteses em que há influência no preço praticado, por exemplo, se houver uma vinculação entre o exportador e o importador.[251]

---

249. Decreto 1.355/94 e Instrução Normativa SRF n. 327/2003.
250. Art. 2º da Instrução Normativa SRF 327/2003.
251. Se for possível provar que a vinculação não tem influência no preço, o método do valor da transação pode ser utilizado, de acordo com o art. 15 da IN SRF 327/2003.

Em outras palavras, o valor da transação somente pode ser aceito como valor aduaneiro se realmente corresponder ao valor efetivamente pago pelo importador, o que deverá ser provado com base nas informações e documentos por ele apresentados. Na hipótese de a fiscalização aduaneira ter motivos para duvidar que o valor declarado representa o montante efetivamente pago ou a pagar pelas mercadorias importadas, deverá ser utilizado um dos métodos substitutivos para a apuração do valor aduaneiro.[252]

5.3.2.2.2 *Conversão do valor expresso em moeda estrangeira*

O valor de importação expresso em moeda estrangeira será convertido em moeda nacional pela mesma taxa de câmbio utilizada no cálculo do Imposto de Importação, sem qualquer acréscimo ou devolução posterior se houver variação da taxa de câmbio até o pagamento efetivo do preço, observando-se o seguinte: o valor fixado pela autoridade aduaneira para base de cálculo do Imposto de Importação, nos termos da lei aplicável, substituirá o valor declarado; não sendo devido o Imposto de Importação, utilizar-se-á a taxa de câmbio empregada para cálculo do Imposto de Importação no dia do início do despacho aduaneiro.

5.3.2.2.3 *Impostos, taxas e contribuições decorrentes da importação e despesas aduaneiras*

Além dos impostos especificamente citados no dispositivo da lei complementar (IPI e IOF), a base de cálculo compreende também as contribuições ao PIS e à COFINS, incidentes na importação a partir de 1º de maio de 2004,[253] e,

---

252. Art. 32 da Instrução Normativa SRF 327/2003.
253. Cf. Lei n. 10.865/2004.

INCIDÊNCIA DO ICMS NAS OPERAÇÕES DE IMPORTAÇÃO

quando for o caso, contribuições sociais de intervenção no domínio econômico, tal como a CIDE-combustíveis.[254]

Quanto às taxas, o termo está sendo utilizado de forma própria, ou seja, como o tributo a que se refere o artigo 145, inciso II, da Constituição Federal, e artigo 77 do CTN, e, nesse sentido, aplica-se plenamente à taxa de registro da declaração de importação no Siscomex.[255]

Entendem-se como despesas aduaneiras aquelas efetivamente pagas à repartição alfandegária até o momento do desembaraço da mercadoria, tais como diferenças de peso, classificação fiscal e multas por infrações. Dessa forma, não se inclui nesse conceito despesas com armazenagem, capatazia ou outros valores não pagos à repartição alfandegária.

Nesse sentido, entendemos que o Adicional ao Frete para a Renovação da Marinha Mercante – AFRMM[256] deve ser incluído na base de cálculo das operações de importação, uma vez que, segundo o STF, tem natureza de contribuição.[257]

Enfim, todos os impostos, taxas e contribuições decorrentes da importação e as despesas aduaneiras incorridas até o momento do desembaraço compõem a base de cálculo do ICMS, ainda que conhecidos ou pagos posteriormente àquele evento.

5.3.2.2.4 *Método de apuração do valor devido*

Deve ser esclarecido que o ICMS integra sua própria base de cálculo, inclusive nas operações de importação. A

---

254. Cf. Lei n. 10.336/2001.
255. Cf. Lei n. 9.716/98.
256. Instituída pelo Decreto-Lei n. 2.404/87, sendo atualmente regida pela Lei n. 10.893/2004.
257. Cf. súmula n. 533.

Emenda Constitucional n. 33, de 2001, incluiu a alínea "i" ao inciso XII do § 2º do art. 155, para adicionar entre as disposições que devem ser observadas pela lei complementar que rege o ICMS, "fixar a base de cálculo, de modo que o montante do imposto a integre, também na importação do exterior de bem, mercadoria ou serviço".

A Lei Complementar n. 114, de 2002, alterou a redação do § 1º do art. 13 da Lei Complementar n. 87, de 1996, para esclarecer, em seu inciso I, que integra a base de cálculo do imposto, inclusive na hipótese de operações de importação, "o montante do próprio imposto, constituindo o respectivo destaque mera indicação para fins de controle".

Como também integram a base de cálculo do ICMS na importação outros impostos, taxas e contribuições, estes valores devem ser todos somados, para, a seguir, ser feito o "cálculo por dentro" para se apurar a base de cálculo efetiva do imposto.

Dessa forma, para tomando-se por base uma alíquota interna de 18% (que também será aplicada na operação de importação), o seguinte método deverá ser adotado para apurar o valor devido a título de ICMS:

(i) Valores que devem compor a base de cálculo:

a) valor CIF da mercadoria em reais;

b) valor do Imposto de Importação;

c) valor do IPI;

d) valor do IOF;

e) valor das taxas;

f) valor das contribuições;

g) valor das despesas aduaneiras;

INCIDÊNCIA DO ICMS NAS OPERAÇÕES DE IMPORTAÇÃO

(ii) T (valor da mercadoria importada mais impostos, taxas, contribuições e despesas aduaneiras incidentes na importação) = a + b + c+ d + e + f + g;

(iii) B (Base de cálculo do ICMS) T/0,82;

(iv) V (valor do ICMS) = B x 0,18.

5.3.2.2.5 *Reimportação de bem ou mercadoria remetidos ao exterior sob amparo do Regime Aduaneiro Especial de Exportação Temporária para Aperfeiçoamento Passivo*

Na hipótese de reimportação de bem ou mercadoria remetidos ao exterior sob amparo do Regime Aduaneiro Especial de Exportação Temporária para Aperfeiçoamento Passivo, a base de cálculo do imposto será o valor despendido ou pago pelo importador relativamente ao aperfeiçoamento passivo realizado no exterior, acrescido dos tributos federais e das multas eventualmente incidentes na reimportação, bem como das respectivas despesas aduaneiras.[258]

O regime de exportação temporária para aperfeiçoamento passivo, disciplinado pela legislação federal específica, permite a saída, do País, por tempo determinado, de mercadoria nacional ou nacionalizada, para ser submetida a operação de transformação, elaboração, beneficiamento ou montagem, no exterior, e a posterior reimportação, sob a forma do produto resultante, com pagamento dos tributos sobre o valor agregado.[259]

5.3.2.2.6 *Redução de base de cálculo*

Há diversas hipóteses de redução de base de cálculo

---

258. Não há convênio específico sobre a matéria. Na legislação paulista, há previsão específica no art. 37, § 8º, do Regulamento do ICMS.
259. Cf. art. 443 do Regulamento Aduaneiro.

para operações internas (que incluem, portanto, a importação). Também há algumas hipóteses específicas para operações de importação. Nesse caso, deverá ser aplicada a redução indicada na legislação, ao ser efetuado o cálculo do imposto devido.[260]

5.4 Deveres instrumentais nas operações de importação

Como foi apontado, os deveres instrumentais são previstos na legislação de cada unidade federada. No caso do ICMS – especialmente em relação às operações de importação –, é recomendável a uniformização desses deveres.

Contudo, embora haja um grupo de trabalho específico da COTEPE dedicado a discutir a disciplina do ICMS relativo às operações relativas ao comércio (GT-54), há diversos fatores que dificultam essa uniformização. De fato, apenas alguns

---

260. Entres as hipóteses específicas para as operações de importação podemos citar os seguintes convênios:

Convênio ICMS 58/99: Importação do exterior de bens destinados à prestação de serviços ou à fabricação de outros bens de capital, sob amparo do Regime Aduaneiro Especial de Admissão Temporária previsto em legislação federal específica (a redução é equivalente àquela adotada para cobrança dos tributos federais);

Convênio ICMS 75/91: Operações com aeronaves, suas partes e peças, indicados no citado convênio. Esse benefício é aplicado exclusivamente às empresas nacionais da indústria aeronáutica, às da rede de comercialização, inclusive as oficinas reparadoras ou de conserto de aeronaves, e às importadoras de material aeronáutico, relacionadas em ato do Comando da Aeronáutica do Ministério da Defesa (redução de forma que a carga tributária seja equivalente a 4%);

Convênio ICMS – 58/00: Importação do exterior de máquina, equipamento, aparelho, instrumento, suas respectivas partes, peças e acessórios, todos sem similares produzidos no país, efetuada por empresa jornalística ou editora de livros destinados a emprego exclusivo no processo de industrialização de livro, jornal ou periódico, ou efetuada por empresa de radiodifusão, para emprego exclusivo na geração, emissão, recepção, transmissão, retransmissão, repetição ou ampliação de sinais de comunicação (redução de 60% a 100%).

INCIDÊNCIA DO ICMS NAS OPERAÇÕES DE IMPORTAÇÃO

Estados são polos de importação e exportação, o que é determinado pelo grau de desenvolvimento de suas economias e pela sua localização geográfica, que permite a instalação de portos. De forma diversa das demais unidades federadas, estes Estados precisam dedicar grande esforço no controle das operações típicas de comércio exterior, o que força a produção de legislação que atenda a essas necessidades, bem como o uso intenso de sistemas informatizados.

Dos atos produzidos pelo CONFAZ, os mais importantes são os Convênios ICMS 143/2002 e 85/2009.

O Convênio ICMS 143/2002 disciplina os deveres a serem cumpridos pelo depositário estabelecido em recinto alfandegado, determinando que ele somente poderá efetuar a entrega de mercadoria ou bem importados do exterior mediante prévia apresentação do comprovante de recolhimento do ICMS ou do comprovante de exoneração do imposto (cláusula primeira). Caso proceda de forma diversa, o depositário ficará responsável pelo pagamento do imposto devido na operação (cláusula quarta).[261]

---

261. Cf. art. 52 da Instrução Normativa SRF (RFB) 680/2006:

"Art. 52. O importador deverá apresentar, por meio de transação própria no Siscomex, declaração sobre o ICMS devido no desembaraço aduaneiro da mercadoria submetida a despacho de importação.

§ 1º A declaração de que trata o caput deverá ser efetivada após o registro da DI e constitui condição para a autorização de entrega da mercadoria desembaraçada ao importador.

§ 2º Na hipótese de exoneração do pagamento do ICMS, nos termos da legislação estadual aplicável, o importador deverá indicar essa condição na declaração.

§ 3º Entende-se por exoneração do pagamento do ICMS, referida no § 2º, qualquer hipótese de dispensa do recolhimento do imposto no momento do desembaraço da mercadoria, compreendendo os casos de exoneração, compensação, diferimento, sistema especial de pagamento, ou de qualquer outra situação estabelecida na respectiva legislação estadual.

§ 4º Os dados da declaração de que trata este artigo serão fornecidos pela SRF à Secretaria de Estado da Unidade da Federação indicada na declaração,

O Convênio ICMS 85/2009 uniformiza procedimentos para cobrança do imposto incidente na entrada no país, de bens ou mercadorias importados do exterior.

Na hipótese de o desembaraço aduaneiro ocorrer em território de unidade federada distinta daquela do importador, o recolhimento do ICMS será feito em Guia Nacional de Recolhimento de Tributos Estaduais – GNRE com indicação da unidade federada beneficiária (cláusula primeira, parágrafo único).[262]

Se, por qualquer motivo, houver dispensa do pagamento do imposto, ainda que parcial, a comprovação deverá feita mediante a apresentação da Guia para Liberação de Mercadoria Estrangeira sem Comprovação do Recolhimento do ICMS (GLME). Nessa hipótese, a liberação dos bens ou mercadorias importadas está condicionada ao visto do Fisco da unidade federada do domicílio do importador (cláusula segunda, II).

Embora seja permitido que o visto seja concedido eletronicamente, ele não tem efeito homologatório, sujeitando-se o importador, adquirente ou o responsável solidário ao pagamento do imposto, das penalidades e dos acréscimos legais, quando cabíveis (cláusula segunda, § 1º).

Mesmo depois de visada eletronicamente, a GLME poderá ser cancelada, nas seguintes hipóteses: (i) estiver em desacordo com o disposto no convênio; ou (ii) for verificada a impossibilidade da ocorrência do desembaraço aduaneiro da mercadoria ou bem importados (cláusula quinta, I e II).

---

pelo importador, com base no respectivo convênio para intercâmbio de informações de interesse fiscal."

262. "Art. 53. Em virtude de convênio específico firmado entre a SRF e a Secretaria de Estado da Unidade da Federação responsável pela administração do ICMS, o pagamento desse imposto poderá ser feito mediante débito automático em conta bancária indicada pelo importador, em conformidade com a declaração a que se refere o art. 52".

INCIDÊNCIA DO ICMS NAS OPERAÇÕES DE IMPORTAÇÃO

A GLME também será exigida na hipótese de admissão em regime aduaneiro especial. Nessa hipótese, o ICMS, quando devido, deverá ser recolhido no momento em que ocorrer o despacho aduaneiro de nacionalização da mercadoria ou bem importados ou nas hipóteses de extinção do regime aduaneiro especial (cláusula sexta e parágrafo único).

É dispensada a exigência da GLME nas seguintes hipóteses: (i) na entrada de mercadoria ou bem despachados sob o regime aduaneiro especial de trânsito aduaneiro, definido nos termos da legislação federal pertinente (cláusula sétima); e (ii) na importação de bens de caráter cultural, disciplinado pela legislação federal (cláusula oitava).

A entrega da mercadoria ou bem importado pelo recinto alfandegado fica condicionada à exibição do comprovante de pagamento do ICMS ou da GLME e ao atendimento do disposto nos artigos 54 e 55 da Instrução Normativa RFB n. 680/06, da Secretaria da Receita Federal do Brasil, ou outro instrumento normativo que venha a substituí-lo (cláusulas quarta e nona).[263]

Além desses convênios, há diversos convênios que, ao beneficiar determinadas operações de importação, em razão do tipo de bem ou mercadoria importada ou em razão de seu destino, estabelecem condições a serem cumpridas pelos beneficiários, com o objetivo de evitar fraudes ou abusos nessas operações (como os citados no próximo capítulo).

Repetimos que o intérprete deverá consultar, além dos atos expedidos no âmbito do CONFAZ, a legislação interna de cada unidade federada para o estudo mais aprofundado desse tema.[264]

---

263. Esses dispositivos disciplinam os procedimentos que devem ser adotados para proceder à retirada da mercadoria no recinto alfandegado.
264. A legislação paulista que disciplina os procedimentos relacionados às operações de importação de bem ou mercadoria do exterior estão consolidados na Portaria CAT 59/2007.

6

BENEFÍCIOS FISCAIS E A "GUERRA FISCAL" DO ICMS NAS OPERAÇÕES DE IMPORTAÇÃO

Após discorrermos sobre a incidência do ICMS nas operações de importação de bens e mercadorias, resta, ainda, analisar a forma como são concedidos os benefícios fiscais nesse tipo de operação.

Discorreremos, também, sobre concessão irregular de benefícios fiscais, prática que ficou conhecida como "guerra fiscal" nas operações de importação.

6.1 Condições para a concessão dos benefícios

Todo benefício fiscal relativo ao ICMS precisa ser previamente aprovado pelo Conselho Nacional de Política Fazendária – CONFAZ, conforme determina o art. 155, § 2º, XII, "g", da Constituição e a Lei Complementar 24/75, e os benefícios relativos às operações de importação não fogem a essa regra.

A aprovação de uma matéria que eventualmente será convertida em convênio passa, então, pelo seguinte itinerário:

(i) análise da proposta pelo grupo ou grupo de trabalho especialista na matéria (GT-54), sendo as decisões tomadas por maioria;

(ii) análise da conclusão do grupo de trabalho pelo plenário da COTEPE, cuja decisão também é tomada por maioria;

(iii) análise da proposta pelo CONFAZ, sendo que, nesse caso, somente será convertida em convênio autorizativo de benefício fiscal aquela que for aprovada pela unanimidade dos conselheiros presentes à reunião.

Após a aprovação pelo CONFAZ, a proposta de convênio precisa, ainda, ser ratificada, de forma expressa ou tácita, pela unanimidade dos Estados e pelo Distrito Federal.

Somente depois de percorrido todo esse procedimento é que o convênio que autoriza a concessão do benefício fiscal é considerado uma norma validamente inserida no ordenamento jurídico.

6.2 Principais benefícios autorizados pelo CONFAZ

Há um grande número de benefícios fiscais autorizados pelo CONFAZ em operações de importação.

Geralmente, esses benefícios são conferidos na forma de isenção ou redução de base de cálculo, em operações com relevante interesse social, como medicamentos, equipamentos médico-hospitalares, equipamentos para ensino e pesquisa, bens a serem utilizados em obras de infraestrutura, como metrô, usinas hidroelétricas, importações feitas pelas forças armadas, entre outros.

Um segundo grupo privilegia o interesse estratégico subjacente às operações de importação. Também são concedidas isenções ou reduções de base de cálculo para operações

INCIDÊNCIA DO ICMS NAS OPERAÇÕES DE IMPORTAÇÃO

que tenham por objetivo o desenvolvimento de setores estratégicos (industrial, agropecuário e tecnológico), o desenvolvimento de regiões menos favorecidas e o desenvolvimento de infraestrutura (transporte, energia elétrica, gás, petróleo, comunicação).

Sem nenhuma pretensão de esgotar o assunto, colacionamos alguns dos convênios mais representativos dos benefícios concedidos.

6.2.1 Convênios de interesse social

Esses convênios dispensam maiores explicações. Há um grande número de convênios que concedem benefícios fiscais em razão do interesse social. Passamos, dessa forma, a relacionar alguns dos mais conhecidos convênios concessivos de isenção nessas hipóteses:

Convênio ICMS 55/89 – importação de mercadorias doadas por organizações internacionais ou estrangeiras ou países estrangeiros para distribuição gratuita em programas implementados por instituição educacional ou de assistência social relacionados com suas finalidades essenciais.

Convênio ICMS 95/98 – importações de produtos imunobiológicos, medicamentos e inseticidas, destinados à vacinação e combate à dengue, malária e febre amarela, realizadas pela Fundação Nacional de Saúde.

Convênio ICMS 104/89 – importação de aparelhos, máquinas, equipamentos e instrumentos médico-hospitalares ou técnico-científicos laboratoriais, sem similar produzido no país, importados do exterior diretamente por órgãos ou entidades da Administração Pública, direta ou indireta, bem como fundações ou entidades beneficentes de assistência social certificadas nos termos da Lei n. 12.101, de 27 de novembro de 2009.

173

LUCIANO GARCIA MIGUEL

Convênio ICMS 42/95 – importação de bens para integrar o ativo fixo das Companhias Estaduais de Saneamento.

Convênio ICMS 80/95 – doação de produtos importados, recebidos diretamente por órgãos ou entidades da Administração Pública, direta ou indireta, bem como fundações ou entidades beneficentes ou de assistência social que preencham os requisitos previstos no artigo 14 do Código Tributário Nacional.

Convênio ICMS 93/98 – importação de aparelhos, máquinas, equipamentos e instrumentos, suas partes e peças de reposição e acessórios, e de matérias-primas e produtos intermediários, em que a importação seja beneficiada com as isenções previstas na Lei Federal n. 8.010, de 29 de março de 1990, realizada por institutos de pesquisa federais ou estaduais; institutos de pesquisa sem fins lucrativos instituídos por leis federais ou estaduais; universidades federais ou estaduais; organizações sociais com contrato de gestão com o Ministério da Ciência e Tecnologia; fundações sem fins lucrativos das instituições referidas nos incisos anteriores, que atendam aos requisitos do artigo 14 do Código Tributário Nacional, para o estrito atendimento de suas finalidades estatutárias de apoio às entidades beneficiadas por este convênio; pesquisadores e cientistas credenciados e no âmbito de projeto aprovado pelo Conselho Nacional de Desenvolvimento Científico e Tecnológico – CNPq; fundações de direito privado, sem fins lucrativos, que atendam aos requisitos do art. 14 do Código Tributário Nacional, contratadas pelas instituições ou fundações referidas nos incisos anteriores, nos termos da Lei Federal n. 8.958/94, desde que os bens adquiridos integrem o patrimônio da contratante.

Convênio ICMS 133/2006 – importação do exterior, desde que não exista similar produzido no país, de máquinas, aparelhos e equipamentos industriais, bem como suas partes e peças, arrolados no Anexo Único, destinados a integrar o

INCIDÊNCIA DO ICMS NAS OPERAÇÕES DE IMPORTAÇÃO

ativo imobilizado do Serviço Nacional de Aprendizagem Industrial – SENAI –, do Serviço Nacional de Aprendizagem Comercial – SENAC – e do Serviço Nacional de Aprendizagem Rural – SENAR –, para uso nas atividades de pesquisa, ensino e aprendizagem realizadas por essas entidades.

6.2.2 Convênios de interesse estratégico

Os benefícios citados, como vários outros aprovados pelo CONFAZ, incentivam setores estratégicos da economia nacional. Alguns, como o Convênio ICMS 27/90, são mais complexos e exigem uma explicação mais detalhada.

6.2.2.1 Convênio ICMS 27/90 (*drawback*)

O Convênio ICMS 27/90 concede, a nosso ver, o benefício mais relevante, do ponto de vista econômico, para as operações de importação. Permite que seja concedida isenção na operação de mercadoria importada do exterior sob o regime de *drawback*, na modalidade suspensão de tributos federais que será utilizada na fabricação de mercadoria a ser posteriormente exportada. Exige-se, entre as várias condições para a concessão do benefício, que o importador promova a efetiva exportação do produto resultante da industrialização da mercadoria importada e comprove tal ocorrência.

O *drawback* é um dos incentivos às exportações existentes na legislação federal em que o exportador é desonerado dos tributos federais e de outros encargos incidentes sobre a matéria-prima importada necessária à fabricação de produto a ser exportado. Apresenta-se sob as modalidades de restituição, isenção e suspensão.

Na primeira modalidade (restituição), a operação de importação da matéria-prima é tributada normalmente. Contudo,

175

após a fabricação e a exportação do produto resultante, é possível pedir a restituição, total ou parcial, dos valores referentes aos tributos que tenham sido pagos.

Na segunda modalidade (isenção), o procedimento é semelhante ao acima descrito. Contudo, ao invés de pedir a restituição dos tributos que incidiram na operação de importação da matéria-prima que foi utilizada, o beneficiário promove nova operação de importação de mercadoria, em quantidade e qualidade equivalentes às que foram utilizadas no processo fabril, só que desta vez amparada pela isenção.

Na última modalidade (suspensão), de forma diversa das anteriores, o produto a ser exportado ainda não foi fabricado. A matéria-prima a ser utilizada nesse processo é importada com suspensão do pagamento dos tributos federais sob a condição de ser utilizada na fabricação de mercadoria a ser, posteriormente, remetida para o mercado externo. Cumprida a condição resolutiva do regime, ou seja, a exportação, a suspensão dos tributos federais transmuta em uma isenção de fato. Não sendo o produto exportado após o prazo determinado, ressurge a exigência de pagamento.

Por outro lado, a evolução do comércio internacional forçou o desenvolvimento de outras modalidades de *drawback*, entre eles o chamado *drawback* intermediário. Nessa modalidade, o detentor do ato concessório do *drawback* importa a matéria-prima sob esse regime, mas faz apenas uma parte do processo de fabricação do produto a ser exportado. A etapa seguinte é feita por outro fabricante, que, após finalizar o processo, exporta o produto resultante da importação da matéria-prima.

De uma forma simplificada, as operações ocorrem da seguinte forma:

(i) o detentor do ato concessório (A) importa matéria-prima sob o regime de *drawback*;

INCIDÊNCIA DO ICMS NAS OPERAÇÕES DE IMPORTAÇÃO

(ii) (A) realiza uma parte do processo fabril, transformando a matéria-prima importada em um produto intermediário;

(iii) (A) vende no mercado interno esse produto intermediário para a empresa (B), que irá utilizá-lo como insumo na fabricação do produto final;

(iv) após finalizar o processo, (B) promove finalmente a exportação do produto.

Dessa forma, enquanto no regime tradicional de *drawback* exige-se que a mercadoria importada, após ser beneficiada, deva ser necessariamente exportada, o *drawback* intermediário permite ao primeiro fabricante vender o produto intermediário no mercado interno para outra empresa, que finalizará o processo fabril e efetuará a operação de exportação.[265]

No âmbito estadual, são isentas do ICMS as operações de importações de mercadorias realizadas sob o regime de *drawback*, na forma e condições previstas no Convênio ICMS 27, 13 de setembro de 1990.

De acordo com esse convênio, o benefício somente será concedido, observadas as seguintes condições (cláusula primeira, parágrafo único):

(i) as mercadorias importadas devem ser beneficiadas com suspensão dos impostos federais sobre importação e sobre produtos industrializados;

(ii) essas mercadorias devem ser utilizadas exclusivamente em produtos industrializados destinados à exportação.

Fica claro, de início, que a isenção do ICMS na importação de produto sob o regime de *drawback* é seletiva, não se

---

265. CASTRO, José Augusto de. *Exportação*: Aspectos Práticos e Operacionais. 7. ed. São Paulo: Aduaneiras, 2007, p. 219.

aplicando a todas as modalidades de *drawback*, mas apenas ao *drawback* suspensão.

Além disso, o benefício está condicionado à efetiva exportação, pelo importador do produto resultante da industrialização da mercadoria importada. Em outras palavras, aplica-se apenas quando o importador, após promover a industrialização do produto importado, promova, ele mesmo, a exportação do produto resultante. Sendo assim, a isenção do ICMS devido na importação não alcança o *drawback* intermediário em que a exportação final será feita por um terceiro.

A isenção prevista no citado convênio estende-se, também, às saídas e retornos dos produtos importados com destino à industrialização por conta e ordem do importador, desde que ambos os estabelecimentos estejam situados na mesma unidade da Federação.

6.2.2.2 Convênio ICMS 58/99 (admissão temporária)

Outra modalidade de benefício muito comum nas operações de importação é a admissão temporária. A admissão temporária é regime aduaneiro especial que permite a importação de bens durante prazo determinado, com suspensão total do pagamento de tributos ou com suspensão parcial, proporcional ao tempo de permanência no mercado interno.[266]

O Convênio ICMS 58/99 autoriza a conceder isenção do ICMS incidente no desembaraço aduaneiro de mercadoria ou bem importado sob o amparo do Regime Especial Aduaneiro de Admissão Temporária. Quando houver cobrança proporcional, pela União, dos impostos federais, poderão os Estados

---

266. Cf. art. 353 do Regulamento Aduaneiro e art. 1º da Instrução Normativa RFB (SRF) n. 285/2003.

INCIDÊNCIA DO ICMS NAS OPERAÇÕES DE IMPORTAÇÃO

signatários reduzir a base de cálculo do ICMS, de tal forma que a carga tributária seja equivalente àquela cobrança proporcional.

Entendemos que esse benefício está vinculado, necessariamente, a que a mercadoria importada permaneça no mercado interno por um período previamente determinado, admitindo-se a sua prorrogação. O que não é admissível é utilizar tal benefício em hipóteses em que, claramente, a mercadoria não irá retornar ao exterior ou ficará no mercado interno por tempo indeterminado.

6.2.2.3   Convênio ICMS 28/2005 (REPORTO)

Um benefício importante, voltado ao setor de infraestrutura, autorizado pelo Convênio ICMS 28/2005, é isenção do ICMS incidente nas operações de importação de bens destinados a integrar o ativo imobilizado de empresas beneficiadas pelo Regime Tributário para Incentivo à Modernização e à Ampliação da Estrutura Portuária (REPORTO), instituído pela Lei n. 11.033, de 21 de dezembro de 2004, para utilização exclusiva em portos localizados em seus territórios, na execução de serviços de carga, descarga e movimentação de mercadorias.

6.2.2.4   Convênio ICMS 32/2006 (transporte ferroviário)

A ferrovia é um dos mais importantes meios de transporte de cargas do mundo. No Brasil, não obstante a sua dimensão continental, privilegiou-se o transporte de cargas por meio de estradas. Com o claro objetivo de incentivar o incremento do transporte ferroviário, o Convênio ICMS 32/2006 isenta as operações de importação de locomotiva e trilho, realizada por empresa concessionária dessa modalidade de transporte.

6.2.2.5 Convênio ICMS 65/2007 (indústria aeronáutica)

A indústria aeronáutica, considerada estratégica para o interesse nacional, conta com uma série de benefícios fiscais concedidos pelo Convênio ICMS 65/2007.

No caso das importações, são consideradas isentas aquelas que forem realizadas com insumos, matérias-primas, componentes, partes, peças, instrumentos, materiais e acessórios, destinados à fabricação de aeronaves, e com máquinas, aparelhos e equipamentos, sem similar produzido no país, destinados ao ativo imobilizado do importador.

Também são isentas do ICMS, de acordo com o Convênio ICMS 09/2005, a importação de mercadorias e bens destinados à manutenção e ao reparo de aeronave pertencente a empresa autorizada a operar no transporte comercial internacional, e utilizados nessa atividade para estocagem no Regime Aduaneiro Especial de Depósito Afiançado (DAF), nos termos da legislação federal.

6.2.2.6 Convênio ICMS 130/2007 (REPETRO)

Esse era o caso, por exemplo, da utilização dos benefícios nas operações com as mercadorias abrangidas pelo Regime Aduaneiro Especial de Exportação e de Importação de Bens Destinados às Atividades de Pesquisa e de Lavra das Jazidas de Petróleo e de Gás (REPETRO).[267]

Como os Estados e o Distrito Federal ainda não haviam aprovado tratamento tributário especial para as operações com o REPETRO, algumas unidades federadas emprestavam o tratamento de admissão temporária às mercadorias importadas

---

267. Disciplinado no Capítulo XI do Decreto federal n. 4.543, de 26 de dezembro de 2002.

INCIDÊNCIA DO ICMS NAS OPERAÇÕES DE IMPORTAÇÃO

para esse fim. Ocorre que a maioria dessas mercadorias, especialmente aquelas utilizadas na exploração de petróleo, jamais deixarão o mercado interno. É por essa razão que o Convênio ICMS 130/2007, ao disciplinar os benefícios fiscais aplicáveis às operações com o REPETRO, proibiu a aplicação da isenção prevista no Convênio ICMS 58/99 a essas operações.

Esse convênio autorizou a redução de base de cálculo do ICMS incidente nas operações efetuadas no âmbito do REPETRO, para aplicação nas instalações de produção de petróleo e gás natural, de forma que a carga tributária seja equivalente a 7,5% (sete inteiros e cinco décimos por cento) em regime não-cumulativo ou, alternativamente, a critério do contribuinte, a 3% (três inteiros por cento), sem apropriação do crédito correspondente.

O convênio autoriza também a isentar ou reduzir a base de cálculo na importação de mercadorias a serem utilizadas na exploração (pesquisa) de petróleo e gás natural, de forma que a carga tributária seja equivalente a 1,5% (um inteiro e cinco décimos por cento), sem apropriação do crédito correspondente. Na verdade, o benefício como um todo abrange um grande número de operações complexas, que não cabem ser discutidas no contexto deste trabalho.

Há muitos outros exemplos de convênios que concedem benefícios fiscais em operações de importação, mas acreditamos que os exemplos acima são suficientes para os objetivos deste trabalho.

6.3 Concessão de benefícios fiscais de forma unilateral

Como já tivemos a oportunidade de expor, em mais de um momento, a concessão de benefícios fiscais relativos ao ICMS somente pode ser feita pelo conjunto das unidades federadas.

A chamada "guerra fiscal" do ICMS é uma forma de competição travada entre os Estados e o Distrito, que se resume na concessão de benefícios fiscais relativos a esse imposto de forma unilateral, ou seja, sem observar os ditames previstos na Constituição (art. 155, § 2º, XII, "g") e na Lei Complementar n. 24/75.

A princípio, poderíamos ser levados a pensar que as operações de importação estariam imunes a esse tipo de competição. Afinal, por qual razão uma unidade federada iria incentivar a aquisição de bens e mercadorias estrangeiras em detrimento das nacionais?

Contudo, antes de tratar da "guerra fiscal" na especificidade das operações de importação, é necessário analisá-la no contexto geral das operações sujeitas à incidência do ICMS.

A "guerra fiscal" tem sido propalada como um instrumento útil para a promoção do desenvolvimento socioeconômico das regiões menos favorecidas da Federação brasileira.

Esse argumento tem sido repetido à exaustão, como a única saída viável dos Estados menos desenvolvidos, frente à inércia da União e à ausência de uma política nacional de desenvolvimento regional.

Contudo, embora possa ter fomentado o desenvolvimento de algumas atividades produtivas em regiões menos desenvolvidas, o resultado para o conjunto da Federação é negativo. Tantos são os problemas decorrentes dessa prática, que hoje são poucos que a defendem abertamente, como já foi usual no passado.

Em uma situação em que a regra é respeitada por todos, obviamente não será concedido benefício fiscal que induza a iniciativa privada a se instalar em determinada unidade da Federação. Contudo, caso uma dessas pessoas políticas não

INCIDÊNCIA DO ICMS NAS OPERAÇÕES DE IMPORTAÇÃO

respeite essa regra e o conceda de forma unilateral, sem a anuência dos demais, o benefício pode ser um fator decisivo para essa decisão.

Assim, no início, a concessão de benefício induz a instalação de empresas no território da unidade concedente. Contudo, as demais pessoas políticas, de forma reativa, também passam a conceder benefícios de forma unilateral, em condições cada vez mais atrativas.

A "guerra fiscal" passa, depois de instaurada, a ser uma corrida ao fundo do poço. As unidades federadas arrecadam cada vez menos com os novos empreendimentos que se instalam em seu território, mas as despesas aumentam devido aos gastos com infraestrutura, que são necessários com o incremento da atividade produtiva.

Em consequência, a qualidade da tributação diminui. Setores que são imunes à guerra fiscal, como fornecimento de energia elétrica, combustíveis e prestação de serviço de comunicação, passam a ser tributados com alíquotas cada vez mais elevadas.

Esse talvez seja o lado mais perverso da "guerra fiscal". As benesses fiscais são, na verdade, financiadas pelo conjunto da sociedade.

Contudo, dizem os seus defensores, esse é o preço que se paga pelo desenvolvimento. Outra falácia. A prova de que a guerra fiscal não traz um desenvolvimento efetivo é a constatação, sempre lembrada nas reuniões entre os Estados e o Distrito Federal, que o fim dos benefícios fiscais irá decretar, de forma quase que instantânea, o encerramento das atividades das empresas incentivadas.

Causa perplexidade o fato de a guerra fiscal ser aceita com tamanha naturalidade, não obstante seja um dos mais sérios problemas enfrentados por nossa Federação. Concordamos com

183

Heron Arzua que a contínua e constante violação do texto constitucional é encarada com complacência, não sendo combatida nem pelos Estados, nem pelos contribuintes, por meio de suas associações, federações ou confederações, nem pelo Ministério Público federal ou estadual.[268]

Tecemos todas essas considerações para afirmar como o mais importante fator da adoção e continuidade da "guerra fiscal" é a falta de uma reação efetiva dos setores da sociedade que têm competência para tanto.

Por reação, frisamos, referimo-nos aos atos que deveriam ser intentados, na forma prevista pelo ordenamento, para anular a "guerra fiscal", ou seja, a busca do Poder Judiciário para expulsar do sistema as normas que concederam os benefícios de forma irregular.

A concessão de benefícios reativos não tem o condão de pôr fim à "guerra fiscal". Ao contrário, estimula a sua continuidade e o seu crescimento de forma exponencial.

6.3.1 Irrelevância jurídica de argumentos que buscam justificar a "guerra fiscal"

Hugo de Brito Machado defende a constitucionalidade dessa medida, desde que utilizada por Estados situados em regiões menos desenvolvidas, como uma tentativa de diminuir as desigualdades econômicas e sociais que são observadas quando comparadas com as regiões mais ricas do país.[269]

Haveria um aparente conflito entre dois dispositivos constitucionais: o primeiro, que estabelece como um dos objetivos

---

268. ARZUA, Heron. ICMS – caráter nacional – guerra fiscal e seus mecanismos de atuação. O regime dos incentivos fiscais no ICMS. *RDT*, São Paulo: Malheiros, n. 81, 2001, p. 211.

269. MACHADO, Hugo de Brito. *Curso de direito tributário*. 25. ed. São Paulo: Malheiros, 2004, p. 213.

INCIDÊNCIA DO ICMS NAS OPERAÇÕES DE IMPORTAÇÃO

fundamentais da República a busca de diminuição das desigualdades regionais (art. 1º); e o segundo, que privilegia a harmonia tributária entre os Estados federados em relação à forma de concessão de benefícios fiscais do seu principal imposto (155, § 2º, XII, "g").

Esse argumento não resiste a uma análise mais apurada. Entre outros argumentos, destacamos que não é possível ofender o texto constitucional a pretexto de fazer cumprir um de seus objetivos:

> Pode-se, pois, evidenciar o absurdo da tese, ao defender o cumprimento da Constituição (para promover o desenvolvimento regional) mediante o seu descumprimento. Do ponto de vista dos valores e da estruturação de uma Federação, o respeito à Constituição, em nossa opinião, deve prevalecer sobre a promoção do interesse local do Estado Federado. Sem a observância da limitação de competências definidas na Constituição, a Federação brasileira estaria mutilada em elemento essencial, transformando-se em algo facultativo e vinculado a interesses transitórios dos diversos entes subnacionais. A instituição de benefícios fiscais de ICMS sem base em convênio é transgressão jurídica, é forma de competição federativa desleal, ainda que voltada à promoção de desigualdades regionais e ainda que implementada por Estados mais pobres da Federação.
>
> Mais. Admitir a promoção da redução das desigualdades regionais como um valor superior a questões formais de limitação da competência dos Estados nos levaria a um perigoso caminho de afirmação do "objetivo fundamental" como uma espécie de solução a ser buscada a qualquer custo e sem limitações jurídicas, o que é incompatível com o Estado de direito.[270]

---

270. CASTILHO, Fabio Roberto Corrêa. *Guerra fiscal de ICMS* – conflito horizontal na Federação brasileira. 2010. Dissertação (Mestrado em Direito Econômico e Financeiro) – Universidade de São Paulo. São Paulo: Faculdade de Direito, USP, 2010, p. 56-57.

O autor continua a demonstrar a inconsistência jurídica dessa pretensa justificação da "guerra fiscal" do ICMS. Contudo, o argumento acima é, a nosso ver, o mais contundente.

Outros argumentos têm sido lembrados na tentativa de relativizar a proibição da concessão unilateral de benefícios fiscais relativos ao ICMS. Também é irrelevante, do ponto de vista jurídico, o benefício concedido: (i) não causar impacto econômico em outra unidade da Federação (benefícios internos); (ii) ter por objetivo a proteção da economia local (benefícios reativos); (iii) ter por objetivo a proteção da economia nacional; (iv) ter sido concedido por lei, decreto ou regime especial.

As decisões proferidas pelo STF até o momento confirmam essa orientação. Basta, para que seja considerado inconstitucional, que o benefício tenha sido concedido de forma unilateral, portanto sem a aprovação do CONFAZ. Para tanto, são irrelevantes quaisquer outras considerações.[271]

6.3.2 Fatores que propiciam a adoção e a continuidade da "guerra fiscal"

Entendemos que a falta de uma reação organizada dos diversos setores da sociedade foi a causa de instauração e continuidade da "guerra fiscal".

Essa reação organizada é dificultada, entre outros fatores, por algumas falhas no desenho normativo da Lei Complementar n. 24/75, especialmente do que diz respeito às sanções previstas em seu art. 8º.

---

271. CASTILHO, Fabio Roberto Corrêa. *Guerra fiscal de ICMS* – conflito horizontal na Federação brasileira. 2010. Dissertação (Mestrado em Direito Econômico e Financeiro) – Universidade de São Paulo. São Paulo: Faculdade de Direito, USP, 2010, p. 53 et seq. O autor fez extensa pesquisa dos julgados do STF para concluir dessa forma.

INCIDÊNCIA DO ICMS NAS OPERAÇÕES DE IMPORTAÇÃO

O direito está finalisticamente voltado à disciplina das relações intersubjetivas. Sua operacionalidade, contudo, não se esgota na imposição de determinadas condutas aos agentes, mas, também, na sanção para o caso do descumprimento e, finalmente, em sua coercibilidade.[272]

Todo o trabalho foi desenvolvido, até esse ponto, para o estudo das normas do primeiro grupo. Nesse grupo, o das normas deônticas propriamente ditas, não está o principal problema do ICMS. A "guerra fiscal" está, essencialmente, ligada a problemas de sanção e coerção do direito.

6.3.2.1 As sanções previstas na Lei Complementar n. 24/75

Apesar de sua importância, a Lei Complementar n. 24/75 apresenta algumas fragilidades que redundaram na sua sistemática desobediência por parte dos Estados e do Distrito Federal.

O primeiro deles já apontamos: foi outorgar aos Poderes Executivos das unidades federadas não somente a competência para aprovar os convênios que concedem benefícios fiscais, mas, também, para ratificá-los.

Além dos problemas já apontados, a adoção dessa sistemática resultou em outro problema cujas consequências ainda não foram totalmente percebidas. Estamos nos referindo ao pensamento que se instaurou na doutrina de que os convênios não são os instrumentos adequados para conceder benefícios fiscais, mas apenas para autorizar a sua concessão.

Caso a Lei Complementar n. 24/75 houvesse delegado tal tarefa ao Legislativo, não haveria dúvidas de que a ratificação seria o ponto final do processo hábil a introduzir no ordenamento a norma jurídica concessiva do benefício.

---

272. ROBLES, Gregorio. *O direito como texto*. Quatro estudos da teoria comunicacional do direito. São Paulo: Manole, 2005, p. 17.

LUCIANO GARCIA MIGUEL

Contudo, como isso não ocorreu, as unidades federadas passaram a implementar as disposições desses convênios em sua legislação interna, normalmente também por decreto do Executivo.

A sequência de concessão de benefícios pode, então, ser assim resumida: aprovação do convênio pela unanimidade de representantes do Executivo dos Estados e do Distrito Federal reunidos no CONFAZ; ratificação por decreto do Executivo (decreto de ratificação); implementação do benefício na legislação interna, por novo decreto do Executivo (decreto de implementação).

Especialmente essa última fase levou à crença de que é o decreto do Executivo ou qualquer outro ato unilateral que, afinal, concede o benefício. Não é. O ato concessivo é o convênio cuja ratificação deveria ter sido (mas não foi) delegada ao Legislativo.

O que procuramos demonstrar, em suma, é que a concessão unilateral não é um problema de vício procedimental para a concessão de benefícios fiscais relativos ao ICMS (falta de prévia autorização), mas de falta de competência das unidades federadas para concedê-los de forma unilateral.

É possível argumentar que a consequência é a mesma, ou seja, as normas não são válidas, seja pelo vício no procedimento, seja pela falta de competência da autoridade que a produziu. Em ambos os casos, a sua inconstitucionalidade deve ser declarada pelo Poder Judiciário, caso provocado.

Contudo, a tese – a nosso ver equivocada – de que o convênio é apenas uma autorização prévia para a edição de outra norma (esta sim, introdutora de benefício fiscal no ordenamento jurídico) foi preponderante para gerar no meio social a confiança de sua higidez.

Adotando-se um ou outro posicionamento, a inobservância da disciplina estabelecida para a concessão dos benefícios fiscais relativos ao ICMS acarretará: (i) "a nulidade do ato e a

188

INCIDÊNCIA DO ICMS NAS OPERAÇÕES DE IMPORTAÇÃO

ineficácia do crédito fiscal atribuído ao estabelecimento recebedor da mercadoria; e (ii) "a exigibilidade do imposto não pago ou devolvido e a ineficácia da lei ou ato que conceda remissão do débito correspondente" (art. 8º, I e II).

Dissemos, linhas atrás, que uma das causas da "guerra fiscal" poderia ser imputada às normas que sancionam essa prática, o que agora procuramos demonstrar.

Ao dizer que a lei ou ato transgressor é ineficaz, a Lei Complementar n. 24/75 nada mais fez que declarar algo que é inerente ao princípio da hierarquia das normas jurídicas.

A Constituição reservou à lei complementar a disciplina de como os benefícios fiscais relativos ao ICMS serão concedidos ou revogados. Ora, não observado o procedimento previsto no estatuto complementar, o ato é inconstitucional e deve ser extirpado do ordenamento. Não há necessidade, portanto, de essa consequência ser prevista.

Além disso, a princípio, parece haver um conflito nas sanções previstas nos incisos I e II.

O inciso I determina que o ato, considerado nulo, acarretará a ineficácia do crédito fiscal atribuído ao estabelecimento que recebeu a mercadoria. Em consequência, o imposto será exigido pelo Estado de destino da mercadoria ou serviço. O inciso II, por sua vez, determina, novamente, a ineficácia da lei ou ato concessivo e a exigibilidade do imposto que deixou de ser pago. Em outros termos, o imposto será exigido pelo Estado de origem da mercadoria ou serviço.

Embora o citado art. 8º disponha em seu "caput" que as sanções serão aplicadas cumulativamente, tal mandamento pode conflitar com o princípio da não-cumulatividade do imposto:

> Ademais, cumpre observar que, considerando o caráter nacional do ICMS e o princípio da não-cumulatividade

desse imposto, a anulação dos efeitos da norma jurídica concessiva de benefício fiscal teria como efeito restabelecer a exigência dos valores dispensados ou devolvidos pela Administração Pública ao contribuinte, e não alternativamente e cumulativamente, como pretendeu o legislador complementar, implicar a anulação do crédito de ICMS e a exigência do imposto dispensado pelo Estado de destino.[273]

Esse argumento pode ser traduzido da seguinte forma: a razão que contamina o crédito no destino é o fato de ele não ter sido cobrado na origem; se for cobrado, o defeito é sanado e o crédito passa a ser legítimo. Mas, também, poderia ser formulado de outra maneira: com a cobrança no destino, deu-se o recolhimento do imposto incidente no conjunto de operações (que é uma das traduções possíveis da não-cumulatividade do imposto), o que impede a cobrança na origem.

De qualquer forma, se afastada a imposição cumulativa da sanção, resta saber quem tem o direto (ou o dever) de exigir o imposto equivalente ao benefício concedido. De acordo com Paulo de Barros Carvalho, cabe ao Estado de origem (que concedeu o benefício) exigir o imposto irregularmente dispensado:

> Havendo descumprimento da forma exigida para concessão de isenção, benefício ou incentivo fiscal, incumbe ao Judiciário apreciar sua inconstitucionalidade, e, caso seja declarada inconstitucional, cabe ao Estado de origem da mercadoria a exigência do tributo que havia sido dispensado, sendo inadmissível a vedação do crédito do contribuinte ou a cobrança do ICMS pelo Estado destinatário do bem.[274]

---

273. CARVALHO, Paulo de Barros. "Guerra fiscal" e o princípio da não-cumulatividade no ICMS. *RDT*, São Paulo: Malheiros, n. 95, 2006, p. 18.
274. Ibid., p. 19.

INCIDÊNCIA DO ICMS NAS OPERAÇÕES DE IMPORTAÇÃO

Finalmente, o parágrafo único do art. 8º acrescenta, às sanções já previstas, a possibilidade de o Tribunal de Contas da União presumir a irregularidade das contas da unidade federada que concedeu o benefício, bem como a suspensão de repasses dos fundos previstos na Carta anterior.

Essa sanção não tem natureza tributária, mas não podemos deixar de apontar para a sua ineficácia, uma vez que, na forma da atual Constituição, as contas dos Estados e do Distrito Federal são aprovadas pelos seus respectivos Tribunais de Contas (arts. 171 a 175). Além disso, a atual Carta também veda a retenção do repasse dos valores referentes às quotas de participação dos Estados e Municípios nos fundos constitucionais (art. 160), com a única exceção da não aplicação dos percentuais mínimos em saúde previstos nos dispositivos constitucionais (art. 198, § 2º).

Em suma, entendemos que os defeitos apontados nas citadas normas sancionatórias implicam em dificuldade da aplicação da coerção pelo Poder Judiciário, o que pode ser apontado como um fator relevante para a continuidade da "guerra fiscal".

6.3.2.2 As formas de reação aos benefícios concedidos unilateralmente

A forma mais comum de uma unidade federada reagir a um benefício concedido unilateralmente por outra unidade federada é, também, conceder benefício semelhante ou ainda mais vantajoso.

Esses benefícios, conhecidos como "reativos", também são inconstitucionais, como já assinalamos. Segundo orientação do STF, "o propósito de retaliar preceito de outro Estado, inquinado da mesma balda, não valida a retaliação: inconstitucionalidades não se compensam".[275]

---

275. ADI 2377 MC/MG, Pleno, Rel. Min. Sepúlveda Pertence, DJ 07/11/2003.

Assim, afastamos de plano essa forma de reação à "guerra fiscal" para nos dedicarmos às duas formas possíveis, a princípio, de reação em face de um benefício do ICMS concedido de forma contrária ao ordenamento jurídico.

A primeira, comumente denominada "glosa de crédito", decorre da edição de uma norma, pelo Estado de destino da mercadoria ou serviço, desconsiderando a validade da norma concedente do benefício pelo Estado de origem.

A segunda é a propositura de ação própria, perante o Poder Judiciário, com o intuito de que seja apreciada a inconstitucionalidade da norma concessiva.

6.3.2.2.1 *"Glosa de créditos" do ICMS*

Uma das críticas mais contundentes apontadas pela doutrina é em relação à posição adotada por várias unidades federadas em não admitir o aproveitamento dos créditos de ICMS (total ou parcialmente) provenientes de operações ou prestações amparadas por benefícios fiscais de ICMS não autorizados por convênio celebrado nos termos da Lei Complementar n. 24/75.[276]

Contra a chamada "glosa de créditos", costuma-se alinhavar três argumentos.

O primeiro, é que o adquirente não tem como saber se o benefício concedido na origem é ou não irregular. De fato,

---

276. CARVALHO, Paulo de Barros. "Guerra fiscal" e o princípio da não-cumulatividade no ICMS. *RDT*, São Paulo: Malheiros, n. 95, 2006. MELO, José Eduardo Soares de. *ICMS teoria e prática*. 9. ed. São Paulo: Dialética, 2006, p. 242-243. BORGES, José Souto Maior. O ICMS e os benefícios fiscais concedidos unilateralmente por Estado-membro. In: *Grandes questões atuais do direito tributário*. 4. vol. São Paulo: Dialética, 2000. ARZUA, Heron. ICMS – caráter nacional – guerra fiscal e seus mecanismos de atuação. O regime dos incentivos fiscais no ICMS. *RDT*, São Paulo: Malheiros, n. 81, 2001, p. 210.

INCIDÊNCIA DO ICMS NAS OPERAÇÕES DE IMPORTAÇÃO

conforme se demonstrará, um dos incentivos mais corriqueiros utilizados pelos Estados e pelo Distrito Federal é o crédito presumido, utilizado pelo contribuinte em momento posterior à operação ou prestação, para abater o valor do ICMS devido.

Ocorre que esse crédito é escriturado pelo vendedor ou prestador em seus livros fiscais, não havendo como o adquirente ou tomador tomar conhecimento do benefício pela nota fiscal que acompanha a mercadoria ou serviço.

Dessa forma, deve o adquirente ou o tomador se cientificar se a legislação do Estado de origem concede regularmente algum tipo de benefício irregular e, nesse caso, creditar-se somente do valor efetivamente pago na origem (ou não se creditar, se a dispensa foi total), caso contrário o montante creditado poderá ser glosado pelo Fisco.

Além disso, argumenta-se que uma norma legal ou, com muito menos razão, uma norma infralegal não tem o condão de desconsiderar o atributo de validade de uma outra norma jurídica. Ou seja, não pode uma norma editada pelo Estado de destino "afastar os efeitos da concessão unilateral de benefícios fiscais mediante vedação ao aproveitamento dos créditos" destacados nas notas fiscais.[277]

Lourival Vilanova afirma que a validade de uma norma é a sua relação de pertinencialidade ao sistema jurídico. Confunde-se, portanto, com a existência. A norma válida é a norma existente; a norma que existe é válida. Assim, como a validade somente decorre da existência da norma no interior do sistema jurídico, "são as regras do processo legislativo, ou quaisquer outras regras-de-regras, que estabelecem como constituir, reformar ou desconstituir normas válidas".[278]

---

277. CARVALHO, Paulo de Barros. "Guerra fiscal" e o princípio da não-cumulatividade no ICMS. *RDT*, São Paulo: Malheiros, n. 95, 2006, p. 22.
278. VILANOVA, Lourival. *As estruturas lógicas e o sistema de direito positivo*. 4. ed. São Paulo: Noeses, 2010, p. XXXI.

Ou, em outras palavras, basta que uma norma seja introduzida no sistema jurídico para que seja considerada válida. E ela irá nele permanecer até que seja expulsa por outra norma, instituída para essa finalidade, de acordo com as regras do próprio sistema jurídico.

A hipótese mais comum, neste caso, é a revogação por outra norma, introduzida no sistema pela mesma autoridade que introduziu a primeira norma. Pode, também, ser considerada uma norma não válida, por procedimento próprio do Poder Judiciário, que será estudado no item seguinte.

O que a doutrina não admite, como foi visto, é a possibilidade de a validade da norma emitida por uma unidade federada ser desconsiderada por uma norma emitida por outra unidade da Federação.

Um ponto a ser considerado, contudo, é que os Estados e o Distrito Federal não têm competência para editar unilateralmente normas jurídicas que concedem benefícios fiscais relativos ao ICMS. Essa competência é exercida de forma conjunta entre esses entes federativos.

Se a unidade federada é incompetente (unilateralmente) para produzir a norma, a lei ou o decreto que introduziu o benefício no ordenamento, é, ainda assim, norma válida? Não seria a mesma situação de uma norma que concede benefício fiscal relativo ao ICMS editada pela União (pessoa política incompetente para tanto)?

Finalmente, o último argumento contra a glosa de créditos já foi analisado linhas atrás. Mesmo na hipótese de a norma ser considerada inconstitucional, caberia ao Estado de origem o direito (ou o dever) de exigir o imposto que foi dispensado, e não ao Estado de destino.

O STF ainda não se posicionou conclusivamente sobre esse tema, embora a Min. Ellen Gracie tenha manifestado seu

INCIDÊNCIA DO ICMS NAS OPERAÇÕES DE IMPORTAÇÃO

entendimento, em decisão monocrática, de que "não é dado ao Estado de destino, mediante glosa à apropriação de créditos nas operações interestaduais, negar efeitos aos créditos apropriados pelos contribuintes".[279]

Recentemente o STJ acolheu a posição defendida pela doutrina, mas ainda é muito cedo para afirmar, com relativo grau de segurança, que essa orientação será mantida nos próximos julgados.[280]

6.3.2.2.2 *Ação direta de inconstitucionalidade*

Os meios empregados unilateralmente pelos Estados e pelo Distrito Federal para reagir à concessão irregular de benefícios pelos seus pares estão maculados pelos graves problemas que foram apontados.

A "glosa de créditos" é juridicamente contestável e a concessão de benefícios reativos, além de ser claramente inconstitucional, incentiva ainda mais a "guerra fiscal".

O meio adequado para combater os benefícios concedidos de forma irregular é, segundo a doutrina e a jurisprudência, a propositura de "ações diretas de inconstitucionalidade perante o Supremo Tribunal Federal, visando a extirpar do ordenamento jurídico as normas que ilegitimamente tenham por objeto a concessão de benefícios fiscais unilaterais".[281]

Contudo, mesmo esse meio não é isento de problemas.

---

279. AC 2611/MG, Min. Ellen Gracie, DJ 12/05/2010.
280. RMS 31.714-MT, 2ª Turma, Rel. Min. Castro Meira, julgado em 03/05/2011. Julgado por maioria: votaram pelo provimento do recurso do contribuinte os Mins. Cesar Asfor Rocha, Castro Meira e Mauro Campbell Marques; contra, Mins. Humberto Martins e Herman Benjamin.
281. CARVALHO, Paulo de Barros. "Guerra fiscal" e o princípio da não--cumulatividade no ICMS. *RDT*, São Paulo: Malheiros, n. 95, 2006, p. 23.

LUCIANO GARCIA MIGUEL

Apesar de o STF ter decidido, quando instado a se manifestar, que os benefícios concedidos unilateralmente são inconstitucionais (não importando para essa conclusão qualquer argumentação até agora alinhavada pelos entes concedentes), essas decisões têm sido pouco efetivas, pelas razões a seguir expostas.

A primeira delas é o prazo em que essas ações são julgadas. Em razão do formalismo do rito – necessário, uma vez que a decisão terá consequências graves para as pessoas políticas que são partes no processo –, há um descompasso entre o prazo em que essas ações são julgadas e os efeitos que elas operam.

Isso porque as unidades federadas são extremamente ágeis na concessão, alteração e revogação dos benefícios concedidos. Dito de outra forma, não é incomum que o benefício, objeto da ação, já tenha sido modificado ou substituído por outro semelhante.

Mas, a nosso ver, o principal problema que torna os julgamentos pouco efetivos é o entendimento do STF de que a revogação do benefício questionado gera a perda de objeto da ação.

Esse entendimento foi adotado pelo STF no julgamento da ADI 709, que versava sobre matéria não tributária. Na ocasião, a Corte decidiu que "a revogação ulterior da lei questionada realiza, em si, a função jurídica constitucional reservada a ação direta de expungir do sistema jurídico a norma inquinada de inconstitucionalidade".[282]

Assim, como a revogação já teria cumprido a finalidade que se buscava na ação direta de inconstitucionalidade, essa restava prejudicada. Quanto aos efeitos produzidos pela lei durante a sua vigência, entendeu o STF que a matéria deveria

---

282. ADI 709/PR, Pleno, Rel. Min. Paulo Brossard, DJ 24/06/1994.

INCIDÊNCIA DO ICMS NAS OPERAÇÕES DE IMPORTAÇÃO

"ser remetida às vias ordinárias", uma vez que "a declaração em tese de lei que não mais existe transformaria a ação direta, em instrumento processual de proteção de situações jurídicas pessoais e concretas".

Essa interpretação, não obstante os seus sólidos fundamentos jurídicos, revelou-se um grande obstáculo para a efetiva atuação do STF no julgamento das ADIs que versam sobre os benefícios fiscais irregularmente concedidos pelas unidades federadas.

Como esses benefícios são, via de regra, concedidos por decreto, a sua alteração ou revogação é razoavelmente simples. Basta que o Poder Executivo edite outro decreto, para que o benefício anteriormente concedido seja modificado ou revogado. Normalmente, os benefícios são revogados por um ato para, em seguida, serem concedidos novamente por outro. Altera-se o ato concessivo, mas o benefício continua o mesmo.

Desde então, o STF julgou prejudicadas várias ADIs que versavam sobre essa matéria.[283]

Contudo, caso a ação venha a ser conhecida, o STF tem declarado a inconstitucionalidade dos atos concessivos dos benefícios fiscais relativos ao ICMS sem o amparo de convênio.[284]

Caso isso ocorra, resta estabelecer, ainda, qual o efeito

---

283. Exemplos: ADI 2156/BA, Pleno, Rel. Min. Octavio Gallotti, DJ 06/04/2000; ADI 2166/PR, Pleno, Rel. Min. Sydney Sanches, DJ 11/06/2002; ADI 2430/SP, Pleno, Rel. Min. Gilmar Mendes, DJ 07/02/2007.
284. Na sessão plenária realizada em 01/06/2001, o STF julgou quatorze ADIs sobre esse tema, todas procedentes no que diz respeito à inconstitucionalidade do benefício fiscal relativo ao ICMS sem amparo em convênio, com exceção da ADI/MG 2352, relatada pelo Min. Dias Toffoli, que foi julgada prejudicada por perda superveniente de objeto. Rel. Min. Marco Aurélio: ADI 2906/RJ, ADI/RJ 2376, ADI/RJ 3674, ADI/RJ 3413 e ADI 4457/MS; Min. Joaquim Barbosa: ADI/PR 2688 e ADI/MS 3794; Min. Cezar Peluso: ADI/SP 4152, ADI/RJ 3664 e ADI/PR 3803; Min. Dias Toffoli: ADI 3702/ES e ADI/PA 1247; Min. Ricardo Lewandowski: ADI 2549/DF.

da declaração de inconstitucionalidade da norma concessiva do benefício fiscal.

A doutrina costuma debruçar-se com mais cuidado sobre os efeitos produzidos pela declaração de inconstitucionalidade de lei ou ato normativo que dão suporte a exigência de um tributo. Sem ingressar no intrincado problema da decadência e prescrição, a declaração de inconstitucionalidade da norma que dá suporte à exigência do tributo confere, por corolário, direito ao contribuinte em repetir os valores recolhidos a esse título.[285]

A nosso ver, a declaração de inconstitucionalidade da norma que dá suporte à não exigência do tributo implica no poder-dever do Estado que concedeu o benefício em cobrar os valores que foram dispensados a esse título.

Dessa forma, declarado inconstitucional um benefício, a unidade federada somente pode deixar de exigir o imposto dispensado se houver convênio para essa finalidade, aprovado nos termos da Lei Complementar n. 24/75.[286]

6.4 A "guerra fiscal" nas operações de importação

Os incentivos fiscais concedidos de forma irregular para operações de importação apontam, provavelmente, o lado mais pernicioso da "guerra fiscal". Se, em outras hipóteses, ainda é possível vislumbrar algum efeito positivo, mesmo que transitório (como o aumento de investimentos e empregos em regiões menos desenvolvidas), nessa modalidade o único objetivo é o aumento de arrecadação.

---

285. LINS, Robson Maia. *Controle de constitucionalidade da norma tributária*. Decadência e prescrição. São Paulo: Quartier Latin, 2005, p. 112 et seq.
286. A concessão de remissão e anistia está inserida na competência conjunta dos Estados e do Distrito Federal.

INCIDÊNCIA DO ICMS NAS OPERAÇÕES DE IMPORTAÇÃO

O problema é que o incremento de arrecadação do Estado concessor tem por consequência aumentar ainda mais as vantagens competitivas dos produtos importados em face daqueles produzidos pela indústria nacional.

6.4.1 Mecanismo básico da "guerra fiscal" nas operações de importação

Os benefícios fiscais não autorizados pelo CONFAZ são aqueles concedidos unilateralmente pelos Estados e pelo Distrito Federal.

Esses benefícios não são aprovados pelo CONFAZ (na verdade nem mesmo são levados para a sua análise), uma vez que a sua concessão, em regra, é prejudicial às outras unidades da Federação.

Também, em regra, podemos dizer que o prejuízo não decorre simplesmente da desoneração tributária das operações de importação, mas de um conjunto de atos que têm por objetivo aumentar a arrecadação do Estado onde está situado o importador, em detrimento do Estado onde está situado o adquirente final da mercadoria.

Uma das modalidades mais comuns é a concessão de benefício fiscal (ou benefícios financeiros, que se transmudam em benefícios fiscais) concedido pelo Estado onde está situado o importador, combinado com a importação por conta e ordem de terceiros, estando o adquirente situado em outra unidade da Federação.

De acordo com estudos efetuados pela Secretaria da Fazenda do Estado de São Paulo, esses benefícios são estruturados da seguinte forma:

(i) o importador está situado em unidade federada que concede benefícios fiscais para operação de importação;

(ii) a mercadoria é desembaraçada pelo importador no porto do Estado em que está situado ou no do Estado em que está estabelecido o adquirente;

(iii) nas duas hipóteses, não há ingresso físico da mercadoria no estabelecimento do importador (em alguns casos, o importador faz o ingresso da mercadoria importada em armazém-geral);

(iv) caso a desoneração não seja integral, o importador recolhe o imposto devido ao Estado em que está localizado;

(v) em seguida, o importador envia a mercadoria importada ao adquirente situado no outro Estado, destacando o ICMS devido na operação interestadual;

(vi) o imposto devido ao Estado de origem também não é recolhido integralmente, uma vez que também há benefício fiscal concedido para essa operação;

(vi) o adquirente, ao dar entrada da mercadoria em seu estabelecimento, escritura a totalidade do imposto destacado na nota fiscal, embora não tenha sido este o valor que foi efetivamente recolhido pelo importador.

Como se pode observar, o prejuízo para o Estado em que está situado o adquirente não se resume a uma eventual perda de arrecadação do valor do imposto que incidiu na operação de importação.

Na maioria dos casos, com exceção das mercadorias adquiridas por particulares (não contribuintes) para uso próprio, o valor do imposto que onera as operações de importação geram crédito de ICMS, que será utilizado para abater o imposto devido nas operações futuras praticadas pelo contribuinte.

O maior prejuízo do Estado em que está estabelecido o adquirente é, portanto, equivalente à necessidade de honrar

INCIDÊNCIA DO ICMS NAS OPERAÇÕES DE IMPORTAÇÃO

crédito de imposto que não foi efetivamente recolhido na operação antecedente ao Estado de origem.

Para ilustrar essa constatação, vejamos o seguinte exemplo:

Em uma primeira hipótese, uma empresa "A" promove a importação de uma determinada mercadoria para posterior revenda. Para facilitar o raciocínio, vamos imaginar as seguintes bases de cálculo nas operações de importação e de revenda, sobre as quais é aplicável a alíquota de 12%:

(i) Base de cálculo na importação: R$ 5.000,00 x 12% = R$ 600,00;

(ii) Base de cálculo na revenda: R$ 8.000,00 x 12% = R$ 840,00.

Nesse caso, haverá R$ 1.440,00 de valores debitados a título de ICMS e R$ 600,00 de valores creditados, o que equivale a um valor final de R$ 840,00 a título de ICMS efetivamente devido ao Estado onde está situado o adquirente.

Claro que esses valores são apenas hipotéticos e não levam em consideração a complexidade da formação da base de cálculo nas operações de importação. Mas, o exemplo serve para ilustrar, de modo aproximado, como se processa o fluxo de créditos e débitos do imposto.

Em uma segunda hipótese, essa mesma empresa contrata uma *trading company*, situada em outro Estado, para importar a mesma mercadoria por sua conta e ordem. No Estado em que está estabelecido o importador, o ICMS não será efetivamente recolhido no momento do desembaraço, pois o recolhimento está diferido para uma operação futura. Após o desembaraço, o importador envia a mercadoria para o adquirente, aplicando sobre a base de cálculo a alíquota interestadual de 12%, mas recolhendo somente 3% ao Estado de origem, pois goza de benefício a ele concedido:

(i) Base de cálculo na importação: R$ 5.000,00 x 12% (diferido);

(ii) Base de cálculo na operação interestadual: R$ 5.000,00 x 12% = R$ 600,00 (que corresponde ao valor destacado na nota fiscal, mas sendo efetivamente recolhido apenas R$ 150,00, equivalente à aplicação da alíquota de 3% sobre a base de cálculo);

(iii) Base de cálculo na operação de revenda: R$ 8.000,00 x 12% = R$ 840,00.

Nessa hipótese, haverá um recolhimento efetivo de ICMS de R$ 150,00 ao Estado do importador e R$ 240,00 (R$ 840,00 – R$ 600,00) ao Estado do real destinatário da mercadoria importada.

6.4.2 Exemplos de benefícios irregulares

Na última década, vários Estados instituíram programas de benefícios fiscais com a finalidade de incrementar o volume de importações em seus territórios. O termo *programa* significa, na verdade, um conjunto de benefícios articulados que tem por efeito um aumento de arrecadação do Estado onde está situado o importador em detrimento da diminuição de receita do Estado onde está situado o real destinatário da mercadoria importada.

Em termos gerais, esses benefícios são estruturados da seguinte forma:

(i) na primeira etapa, o ICMS devido no momento do desembaraço aduaneiro tem uma significativa redução ou é o seu pagamento diferido para o momento posterior, normalmente para a subsequente saída da mercadoria do estabelecimento do importador;

(ii) na segunda etapa, a carga tributária que resulta da

INCIDÊNCIA DO ICMS NAS OPERAÇÕES DE IMPORTAÇÃO

saída da mercadoria do estabelecimento do importador é diminuída, geralmente pela concessão de crédito presumido;

(iii) além disso, alguns programas também preveem que o valor devido seja recolhido em prazos dilatados.

O mais conhecido dos programas de benefícios fiscais relativos ao ICMS foi instituído pelo Estado do Espírito Santo, no início de 1970, portanto antes da edição da Lei Complementar n. 24/75. Trata-se do Fundo para o desenvolvimento das atividades portuárias (FUNDAP).[287]

Os benefícios são concedidos da seguinte forma:

(i) o recolhimento do ICMS incidente nas operações de importação que estejam ao abrigo do programa fica diferido para o momento em que ocorrer a saída das mercadorias do estabelecimento do importador;

(ii) aplica-se sobre o valor da saída da mercadoria do estabelecimento importador (geralmente uma operação interestadual) a alíquota de oito por cento;

(iii) o valor resultante somente será pago depois de decorrido o prazo de carência de cinco anos, devendo ser amortizado em dez anos (o que soma quinze anos);

(iv) sobre saldo devedor incide juros de, no máximo, seis por cento ao ano, sem atualização monetária;

(v) periodicamente, a Secretaria da Fazenda pode promover leilões dos saldos devedores (o valor mínimo para lance está estipulado em dez por cento do saldo devedor).

Denominamos o FUNDAP como um programa de benefício, mas na verdade, ao menos no que se refere ao ICMS, o único objetivo é a redução da carga tributária relativa às

---

287. Lei n. 2.508, de 22 de maio de 1970.

operações de saída de mercadoria dos estabelecimentos dos importadores.

A redução da alíquota para oito por cento nas operações interestaduais é uma clara afronta ao texto constitucional, uma vez que cabe ao Senado Federal estabelecer, por resolução, as alíquotas aplicáveis às operações e prestações interestaduais (art. 155, § 2º, IV). Não pode, tampouco, ser aplicável às operações internas, pois a alíquota mínima que incidirá nessa hipótese não pode ser menor que aquela fixada por Resolução do Senado para as operações e prestações interestaduais (art. 155, § 2º, VI), ou seja, 12%.[288]

Os demais benefícios (pagamento em prazo de quinze anos, a juros de, no máximo seis por cento ao ano e possibilidade de resgate com o pagamento de dez por cento do saldo devedor) são, na verdade, benefícios fiscais e não benefícios financeiros, como a citada legislação capixaba procura caracterizá-los.

Entendemos, pelas razões já expostas anteriormente ao tratarmos das diferenças entre benefícios fiscais e financeiros, que o benefício concedido pelo Estado do Espírito Santo também deveria ser submetido à aprovação do CONFAZ.

Com exceção dos benefícios concedidos pelo Espírito Santo, as operações de importação não faziam parte do roteiro da "guerra fiscal". Contudo, nos últimos anos várias unidades federadas, como Goiás, Mato Grosso do Sul, Paraná, Pernambuco, Rio de Janeiro e Santa Catarina, passaram a conceder esse tipo de benefício.[289]

---

288. Na ADI 2021/SP, DJ 25/05/2001, o STF definiu que a alíquota mínima que pode ser aplicada nas operações internas é 12% (e não 7%), por representar a alíquota genérica nas operações interestaduais.

289. Para evitar repetições desnecessárias, citamos alguns desses programas a título de exemplo:

Goiás: "Programa de apoio ao comércio exterior do Estado de Goiás (Lei n. 14.186, de 27 de junho de 2002: Concessão de crédito outorgado no

INCIDÊNCIA DO ICMS NAS OPERAÇÕES DE IMPORTAÇÃO

Entre esses programas, o "Pró-emprego", instituído por Santa Catarina, é um dos melhores exemplos desse tipo de prática adotada pelas unidades federadas.

Instituído pela Lei n. 13.992, de 15 de fevereiro de 2007, era estruturado da seguinte forma:

---

valor equivalente ao percentual de 65% (sessenta e cinco por cento), a ser aplicado sobre o saldo devedor do ICMS correspondente a operações interestaduais com bens e mercadorias importados do exterior, ainda que destinados a consumidor final, cujo desembaraço aduaneiro tenha ocorrido por intermédio de estrutura portuária de zona secundária localizada no Estado de Goiás".

Rio de Janeiro – "Programa de fomento ao comércio atacadista e centrais de distribuição do Estado do Rio de Janeiro" (Lei n. 4173, de 29 de setembro de 2003):

"I – redução da base de cálculo do ICMS nas operações internas, de forma que a incidência do imposto resulte no percentual de 13% (treze por cento), sendo 1% (um por cento) destinado ao Fundo Estadual de Combate à Pobreza FECP, criado pela Lei n. 4.056, de 30 de dezembro de 2002;

II – diferimento do ICMS na operação de importação de mercadorias para o momento da saída, realizada diretamente pela empresa ou por conta e ordem de terceiros, devendo o referido imposto ser pago englobadamente com o devido pela saída, conforme alíquota de destino."

Pernambuco: "Programa de estímulo à atividade portuária" (Lei n. 13.942, de 04 de dezembro de 2009):

"I – redução de base de cálculo do ICMS incidente na importação de mercadorias, de tal forma que o montante do imposto a ser recolhido, por ocasião do respectivo desembaraço aduaneiro, corresponda ao valor resultante da aplicação dos seguintes percentuais sobre o valor da referida operação de importação:

a) 5% (cinco por cento), na hipótese de a alíquota aplicável à mercadoria ser igual ou inferior a 17% (dezessete por cento);

b) 10% (dez por cento), na hipótese de a alíquota aplicável à mercadoria ser superior a 17% (dezessete por cento);

II – crédito presumido em montante equivalente ao valor do ICMS relativo à operação de saída da mercadoria importada, condicionado o seu uso ao efetivo pagamento do imposto relativo à operação de importação, vedada a utilização de quaisquer outros créditos". (FISCOSOFT ONLINE. Informações Fiscais e Legais. Disponível em: <http://www.fiscosoft.com.br>. Acesso em: 23 jul. 2011).

LUCIANO GARCIA MIGUEL

(i) o recolhimento do ICMS devido no momento do desembaraço aduaneiro é diferido para a subsequente saída da mercadoria do estabelecimento do importador;

(ii) é concedido crédito presumido, de tal forma que a carga tributária que resulta da saída da mercadoria do estabelecimento do importador é reduzida a três por cento do valor da operação;

(iii) alternativamente à apropriação do crédito presumido, o beneficiário poderá pagar o imposto devido em vinte e quatro parcelas, sem a incidência de juros ou qualquer outro consectário.

Em 2010, os benefícios concedidos por Santa Catarina foram contestados pela Confederação Nacional dos Trabalhadores Metalúrgicos (CNTM) por meio da Ação Direta de Inconstitucionalidade (ADI) n. 4494.

Além de propugnar pela inconstitucionalidade dos benefícios, haja vista que a concessão não obedeceu à forma prevista na Constituição (art. 155, § 2º, XII, "g") e na Lei Complementar n. 24/75, o autor informa o prejuízo que o indigitado programa causa à economia nacional.

Ocorre que, em julho de 2011, o Estado-réu requereu ao STF a declaração de perda de objeto da ação, uma vez que as normas estaduais nela contestadas haviam sido revogadas.[290] Não obstante, o benefício continuou a ser aplicado (ao menos para os contribuintes que já eram, até a data da revogação, beneficiários do programa).

6.4.3 Proposta do CONFAZ para solucionar os problemas relativos às operações de importação

As tentativas do CONFAZ em buscar uma solução para a "guerra fiscal" têm se mostrado infrutíferas, não sendo

---

290. Lei 15.499, de 20 de junho de 2011.

INCIDÊNCIA DO ICMS NAS OPERAÇÕES DE IMPORTAÇÃO

diverso o caso específico dos benefícios concedidos nas operações de importação.

O primeiro problema a ser enfrentado é se há possibilidade jurídica na convalidação de uma norma que concedeu benefício fiscal sem atender aos requisitos impostos pela Constituição.

Esclarecemos que o termo convalidação implica tornar válida a norma inválida. Significa, em outros termos, não somente reconhecer todos os seus efeitos passados, mas também os seus efeitos para o futuro, até que seja revogada por outra norma.

O STF já decidiu, em sentido contrário a essa tese, que nem mesmo a alteração posterior da Constituição tem o condão de convalidar norma que contrastava com o dispositivo modificado. O trecho do Min. Cesar Peluso expressa com clareza a posição da Suprema Corte:

> Escusa notar quão absurdas seriam a convalidação da afronta constitucional e a repristinação normativa, cuja admissibilidade aniquilaria todo o sistema de controle de constitucionalidade como "meio de defesa e garantia da força normativa da Constituição", pois qualquer Emenda ulterior bastaria por ressuscitar regra produzida à revelia das prescrições constitucionais.[291]

Contudo, embora não possa juridicamente convalidar os benefícios concedidos unilateralmente, entendemos que o imposto dispensado pode deixar de ser exigido, se houver convênio aprovado com essa finalidade nos termos da Lei Complementar n. 24/75. Não se trata, dessa forma, de convalidar a norma, mas de editar outra, que concede a remissão e anistia do débito fiscal, o que está inserido na competência do CONFAZ.

---

291. RE 346.084/PR, Pleno, Rel. para o acórdão Min. Marco Aurélio, DJ 01/09/2006.

207

Obviamente, nada impede que o CONFAZ também delibere em conceder o mesmo benefício para o futuro. Mas, nas duas hipóteses, resta claro que se trata de uma nova norma, editada em estrita obediência aos ditames constitucionais, e não na convalidação de uma norma inconstitucional.

E, justamente quanto aos efeitos futuros dos benefícios concedidos irregularmente, reside o principal problema do CONFAZ para solucionar a guerra fiscal. Trata-se de decidir quais benefícios serão mantidos e por quanto tempo irão vigorar.

Além disso, outros temas, ainda mais difíceis, entram em cena, como a regressão das alíquotas interestaduais, o tratamento a ser dado nas operações interestaduais com energia elétrica, petróleo, e nas que destinem bens e serviços a consumidor final localizado em outro Estado (vendas não presenciais).[292]

Somam-se, ainda, outros problemas que estão fora da seara tributária, mas que também fazem parte da complexa relação das pessoas políticas constitucionais, como a compensação das perdas que irão advir da regressão das alíquotas interestaduais, os novos índices de participação do FPE, distribuição dos royalties de petróleo, fundo de desenvolvimento regional e renegociação das dívidas dos Estados com a União.

Todos esses fatores estão, de certa forma, interligados, o que explica a dificuldade das negociações entabuladas para resolver a guerra fiscal.

Não obstante todos esses obstáculos, o CONFAZ deu um passo importante na solução dos conflitos federativos com a aprovação do Protocolo ICMS 23/2009 e do Convênio ICMS 36/2010.

---

292. Essa última objeto da PEC 197/2012.

INCIDÊNCIA DO ICMS NAS OPERAÇÕES DE IMPORTAÇÃO

Embora não trate diretamente de benefícios fiscais, a edição do Protocolo ICMS 23/2009, cujos signatários são os Estados do Espírito Santo e São Paulo, pôs termo à celeuma existente entre essas unidades federadas em relação à titularidade ativa nas operações de importação por conta e ordem de terceiros e de importação por encomenda.

No que diz respeito às importações por conta e ordem de terceiros, foi definido que o sujeito ativo da relação jurídica tributária é o Estado onde está domiciliado o destinatário da mercadoria, e não o Estado de domicílio do importador.

Dessa forma, ao efetuar o desembaraço aduaneiro da mercadoria importada por conta e ordem de terceiro, o importador deverá "efetuar o recolhimento do imposto devido ao Estado de localização do adquirente, em nome deste, por meio de Guia Nacional de Recolhimento de Tributos Estaduais – GNRE" (cláusula segunda, I).

Em relação à operação de importação por encomenda, "o sujeito ativo da obrigação tributária é o Estado de localização do importador por encomenda, mesmo que o encomendante esteja situado no outro Estado" (cláusula quarta).

Além de estabelecer os deveres instrumentais necessários ao controle dessas operações, foi prevista a necessidade de disciplinar, em convênio, as operações por conta e ordem de terceiros ocorridas anteriormente à celebração do protocolo (cláusula primeira, § 2º).

O Convênio ICMS 36/2010 autorizou os Estados do Espírito Santo e São Paulo a reconhecer, relativamente às operações de importação de bens ou mercadorias por conta e ordem de terceiros, nas quais o importador e o adquirente não se localizam no mesmo Estado, os recolhimentos do ICMS devido pela importação que tenham sido efetuados em desacordo com o disposto no Protocolo ICMS 23/2009, de acordo com um cronograma nele estabelecido.

209

Na verdade, o Convênio ICMS 36/2010 instituiu uma forma de dispensa condicionada do pagamento do imposto devido. O Estado de São Paulo dispensa o recolhimento do imposto devido relativo às operações efetuadas anteriormente à celebração do Protocolo ICMS 23/2000, caso o sujeito passivo comprove que efetuou o recolhimento para o Estado do Espírito Santo e vice-versa.

Anotamos que o citado Convênio ICMS 36/2010 foi celebrado na forma prevista na Lei Complementar n. 24/75. A dispensa do imposto – cujo fundamento é a dúvida que persistia até a celebração do protocolo sobre a titularidade ativa nesse tipo de operação – está inserida na competência conjunta dos Estados e do Distrito Federal. O Protocolo ICMS 23/2009 nada mais fez do que harmonizar a aplicação conjunta de diversos dispositivos legais pelos Estados do Espírito Santo e São Paulo, o que também está dentro da competência dessas unidades federadas.[293]

Note-se, ainda, que o Convênio 36/2010 traz em seu conteúdo uma cláusula específica, que mostra como o tema ainda é controverso. A cláusula terceira assevera que "o disposto neste Convênio não representa anuência dos demais Estados às disposições sobre importação por conta e ordem e sobre importação por encomenda previstas no Protocolo ICMS 23, de 3 de junho de 2009".

De fato, isso significa que as unidades federadas reconheceram a necessidade de os Estados de São Paulo e do Espírito Santo resolverem os problemas de seus contribuintes que realizaram importações "por conta e ordem" ou "por encomenda",

---

293. Por essa razão, não concordamos com a crítica tecida por alguns autores sobre falta de higidez jurídica desses instrumentos (Cf. BARROS, Maurício; GUERRA, Gerson Macedo. Considerações sobre o Protocolo ICMS n. 23/09 e as importações envolvendo o Fundap – inconstitucionalidade e "efeitos colaterais". *RDDT*, São Paulo: Oliveira Rocha, n. 173, p. 102-115, fev. 2010; VILLEN NETO, Horácio; CASTRO, Leonardo Freitas de Moraes e. Importação por conta e ordem e por encomenda realizada por trading beneficiária do Fundap: reflexões atuais após o Protocolo ICMS 23/2009 celebrado entre São Paulo e Espírito Santo. *RDDT*. São Paulo: Dialética, n. 181, p. 57-70, out. 2010).

INCIDÊNCIA DO ICMS NAS OPERAÇÕES DE IMPORTAÇÃO

valendo-se dos portos do outro Estado, mas deixaram explícito que reservam para si concordarem ou não com essa postura.

Não obstante essas observações, trata-se até agora da tentativa mais bem sucedida do CONFAZ para solucionar os problemas relativos às operações de importação.

6.4.4 Resolução do Senado n. 13, de 2012

Cremos ter demonstrado que os programas de benefícios fiscais relativos ao ICMS nas operações de importação normalmente estão atrelados à concessão de crédito presumido na posterior saída interestadual.

Tal prática implica em um tratamento tributário muito favorecido ao produto importado, uma vez que não é tributado na operação de importação e, além disso, é beneficiado novamente na operação interestadual seguinte.

O crédito presumido implica em uma redução artificial do imposto a ser recolhido no Estado de origem. Contudo, o valor é destacado no documento fiscal como se tivesse sido recolhido na sua totalidade e, por esse motivo, é suportado integralmente pelo Estado de destino.

Com o objetivo de minimizar esse problema, foi editada pelo Senado Federal a Resolução n. 13, de 2012 (disciplinada pelo Convênio ICMS 38, de 22 de maio de 2013), que estabelece a alíquota do ICMS de 4% (quatro por cento) nas operações interestaduais com bens e mercadorias importados do exterior que, após seu desembaraço aduaneiro não tenham sido submetidos a processo de industrialização ou, ainda que submetidos a qualquer processo de industrialização, resultem em mercadorias ou bens com Conteúdo de Importação superior a 40% (quarenta por cento).[294]

---

294. Resolução n. 13/2012, art. 1º, § 1º e Convênio ICMS 38/2013, cláusula segunda.

O objetivo, portanto, é limitar as transferências de crédito nas operações interestaduais com produtos importados a 4% (quatro por cento) do valor da operação. Em outras palavras, não importa qual o montante do crédito presumido concedido pelo Estado de origem, uma vez que o máximo que será suportado pelo Estado de destino será o equivalente a alíquota estabelecida na citada resolução.[295]

Essa alíquota é aplicável somente para as operações interestaduais, ou seja, para as operações entre contribuintes em que o remetente esteja situado em Estado diverso do adquirente. Dessa forma, ela não se aplica nas operações internas e nas operações de remessa para não contribuinte situado em outro Estado.

Por outro lado, aplica-se a alíquota de 4% a todas as operações interestaduais subsequentes à importação. Mesmo que a operação interestadual não seja imediatamente subsequente à operação de importação, deverá ser utilizada a alíquota específica para produtos importados.

Não obstante, a resolução prevê algumas exceções à aplicação da alíquota de 4%:[296]

a) bens e mercadorias importados do exterior que não tenham similar nacional, definidos em lista editada pelo Conselho de Ministros da Câmara de Comércio Exterior – CAMEX;[297]

---

295. Significativamente inferior às atuais alíquotas interestaduais de 7% e 12%.

296. Resolução n. 13/2012, art. 1º, § 4º e art. 2º e Convênio ICMS 38/2013, cláusula terceira.

297. A CAMEX disponibiliza em seu site a lista que contempla as hipóteses dos incisos I e II do art. 1º da Resolução Camex n. 79/2012. A esta lista devem ser acrescidos os Ex-Tarifários vigentes que se encontram listados no endereço virtual. O regime de Ex-tarifário consiste na redução temporária da alíquota do imposto de importação dos bens assinalados como BK (bens de capital) ou BIT (informática e telecomunicação) na Tarifa Externa Comum do Mercosul, quando não houver a produção nacional.

INCIDÊNCIA DO ICMS NAS OPERAÇÕES DE IMPORTAÇÃO

b) bens e mercadorias produzidos em conformidade com os processos produtivos básicos de que tratam o Decreto-Lei n. 288, de 28 de fevereiro de 1967, e as Leis n.s 8.248, de 23 de outubro de 1991, 8.387, de 30 de dezembro de 1991, 10.176, de 11 de janeiro de 2001, e 11.484, de 31 de maio de 2007;

c) gás natural importado.

Para estas situações, continuarão sendo utilizadas as alíquotas de 7% ou 12% nas operações interestaduais, a depender dos Estados de origem e destino da mercadoria.

Um ponto importante a ser destacado é que, de acordo com o disposto no Convênio ICMS 123/2012, a partir 1º de janeiro de 2013 nenhum benefício fiscal poderá ser aplicado à operação interestadual com bem ou mercadoria importados do exterior, ou com conteúdo de importação, sujeitos à alíquota do ICMS de 4%.

Por exemplo, operação com mercadoria beneficiada com redução de base de cálculo de maneira que a carga tributária resultante da aplicação da alíquota de 12 % seja 6%. A partir de janeiro desse ano, benefícios fiscais como este não mais poderão ser utilizados, devendo, para cálculo do valor de ICMS devido na operação ser aplicada a alíquota de 4% sobre o valor total da operação de saída interestadual, sem a aplicação do benefício fiscal.

Há duas situações nas quais benefícios fiscais concedidos poderão ser aplicados:

a) quando a mercadoria possuir benefício fiscal que resulte em carga tributária interestadual inferior a 4%;

b) quando se tratar de isenção.

Nessas hipóteses, deverá ser mantida a carga tributária (menor que 4%) que já era aplicada em 31/12/2012.

No caso de operações com bens ou mercadorias importados que tenham sido submetidos a processo de industrialização, o contribuinte industrializador deverá preencher e entregar a Ficha de Conteúdo de Importação – FCI.[298]

Para tanto, é necessário calcular o Conteúdo de Importação do bem ou mercadoria que no processo de sua industrialização tiver utilizado como insumo bem ou mercadoria importada.

Esclarecemos que, caso o bem ou mercadoria importado seja produto acabado, ou seja, não tiver sido submetido a processo de industrialização em território nacional, essa operação é desnecessária.

O Convênio ICMS 38/2013 esclarece que o Conteúdo de Importação é o percentual correspondente ao quociente entre o valor da parcela importada do exterior e o valor total da operação de saída interestadual da mercadoria ou bem submetido a processo de industrialização.[299]

Apurado o valor do Conteúdo de Importação, o bem ou mercadoria será considerada:[300]

a) como nacional, quando o Conteúdo de Importação for de até 40% (quarenta por cento);

b) como 50% (cinquenta por cento) nacional e 50% (cinquenta por cento) importada, quando o Conteúdo de Importação for superior a 40% (quarenta por cento) e inferior ou igual a 70% (setenta por cento);

c) como importada, quando o Conteúdo de Importação for superior a 70% (setenta por cento).

Mas, antes de efetuar o cálculo do Conteúdo de Importação, o contribuinte deverá apurar o valor da parcela importada e o valor das saídas interestaduais dos bens ou mercadorias.

---

298. Convênio ICMS 38/2013, cláusula quinta.
299. Convênio ICMS 38/2013, cláusula quarta.
300. Convênio ICMS 38/2013, cláusula quarta, § 3º.

INCIDÊNCIA DO ICMS NAS OPERAÇÕES DE IMPORTAÇÃO

O valor da parcela importada do exterior será apurado de forma distinta nas hipóteses dos bens ou mercadorias serem importados diretamente pelo industrializador ou adquiridos no mercado interno.

Caso tenham sido importados diretamente pelo industrializador, o valor da parcela importada corresponderá ao valor aduaneiro, assim entendido como a soma do valor "free on board" (FOB) do bem ou mercadoria importada e os valores do frete e seguro internacional.[301]

Se tiverem sido adquiridos no mercado nacional o contribuinte deverá observar duas hipóteses distintas:

a) se o bem ou mercadoria não tiver sido submetido à industrialização no território nacional, a parcela importada será o valor informado no documento fiscal emitido pelo remetente, excluídos os valores do ICMS e do IPI;[302]

b) se o bem ou mercadoria tiver sido submetido à industrialização no território nacional, com Conteúdo de Importação superior a 40% (quarenta por cento), a parcela importada corresponderá ao valor informado no documento fiscal emitido pelo remetente, excluídos os valores do ICMS e do IPI (caso o CI informado pelo remetente seja superior a 70%) ou a metade desse valor (caso o CI informado pelo remetente seja maior que 40% e menor ou igual a 70%).[303]

Finalmente, o valor total da operação de saída interestadual é o valor do bem ou mercadoria, na operação própria do remetente, excluídos os valores de ICMS e do IPI.[304]

Alguns esclarecimentos são necessários para a apuração do Conteúdo de Importação:

---

301. Convênio ICMS 38/2013, cláusula quarta, § 2º, I, a.
302. Convênio ICMS 38/2013, cláusula quarta, § 2º, I, b, 1.
303. Convênio ICMS 38/2013, cláusula quarta, § 2º, I, b, 2.
304. Convênio ICMS 38/2013, cláusula quarta, § 2º, II.

LUCIANO GARCIA MIGUEL

a) o cálculo deve ser feito de forma individualizada por bem ou mercadoria produzidos utilizando-se o valor unitário de comercialização do produto (unidade, centena, milheiro, litros, etc.);[305]

b) o cálculo deve ser feito pela média aritmética ponderada, praticado no penúltimo período de apuração (por exemplo, o CI dos bens ou mercadorias cujas operações são realizadas em junho de 2013 devem ser calculadas com base no mês de abril de 2013);[306]

c) se não tiver ocorrido saída interestadual no penúltimo período de apuração, deverá ser tomado por base o valor nas saídas internas, excluindo-se os valores do ICMS e do IPI;[307]

d) se não tiver ocorrido operação de importação ou de saída interna no penúltimo período de apuração, deverá ser considerado o último período anterior em que tenha ocorrido a operação; [308]

e) o CI deverá ser recalculado sempre que, após sua última aferição, a mercadoria ou bem objeto de operação interestadual tenha sido submetido a novo processo de industrialização.[309]

A FCI deve ser apresentada mensalmente, mas há previsão de dispensa de nova apresentação nos períodos subsequentes enquanto não houver alteração do percentual do conteúdo de importação que implique modificação da alíquota interestadual (na verdade, que implique na alteração de uma das faixas de alíquotas previstas no § 3º da cláusula quarta do Convênio ICMS 38/2013). Em outras palavras, se não houver

---

305. Convênio ICMS 38/2013, cláusula quinta, § 1º, I.
306. Convênio ICMS 38/2013, cláusula quinta, § 1º, II.
307. Convênio ICMS 38/2013, cláusula quinta, § 3º.
308. Convênio ICMS 38/2013, cláusula quinta, § 4º.
309. Convênio ICMS 38/2013, cláusula quarta, § 1º.

alteração da faixa do CI não haverá necessidade de apresentação de nova FCI.[310]

Nas operações interestaduais com bens ou mercadorias importados que tenham sido submetidos a processo de industrialização no estabelecimento, o emitente deverá informar em campo próprio da Nota Fiscal Eletrônica – NF-e, o número da FCI e o Conteúdo de Importação expresso percentualmente.[311]

6.4.5 O último capítulo da guerra fiscal

Medidas reativas (concessão de benefícios reativos, glosa de créditos e Ações Diretas de Inconstitucionalidade) não tem se mostrado eficientes para pôr fim a guerra fiscal.

Há anos que se defende a ideia de que a redução e unificação de alíquotas interestaduais é a melhor proposta para combater essa prática, uma vez que, quanto mais baixa for essa alíquota, menor é o valor de créditos que o Estado de origem irá passar para o Estado de destino nas operações interestaduais.

Com isso fere-se, pragmaticamente, o mecanismo que possibilita o exercício da guerra fiscal. Contudo, não basta, a nosso ver, cuidar apenas dos efeitos. Deve-se atentar para as causas que fizeram surgir em nosso meio essa prática tão danosa para o equilíbrio da Federação. A restauração desse equilíbrio passará, certamente, por mudanças em regras fundamentais do ICMS mas, antes de tudo, deve ser fruto de uma mudança de atitude das unidades federadas, que implica no respeito ao pacto federativo e a ordem jurídica estabelecida. Somente assim poderemos dizer que foi escrito – e encerrado – o último capítulo da guerra fiscal.

---

310. Convênio ICMS 38/2013, cláusula quinta, § 2º.
311. Convênio ICMS 38/2013, cláusula sétima.

REFERÊNCIAS

ABBAGNANO, Nicola. *Dicionário de filosofia*. 5. ed. São Paulo: Martins Fontes, 2007.

AMARO, Luciano da Silva. *Direito tributário brasileiro*. São Paulo: Saraiva, 1997.

ARZUA, Heron. ICMS – caráter nacional – guerra fiscal e seus mecanismos de atuação. O regime dos incentivos fiscais no ICMS. *RDT*, São Paulo: Malheiros, n. 81, p. 206-216, 2001.

ASHIKAGA, Carlos Eduardo Garcia. *Análise da tributação na importação e na exportação*. 5. ed. São Paulo: Aduaneiras, 2010.

ATALIBA, Geraldo. Debate. In: BALERA, Wagner. ICM – isenções por convênios. *RDT*, São Paulo: RT, n. 21-22, p. 163-182, 1982.

————. *Hipótese de Incidência Tributária*. 6. ed. São Paulo: Malheiros, 2005.

————; GIARDINO, Cleber. Responsabilidade tributária – ICM – substituição tributária (Lei Complementar 44/83). *RDT*, São Paulo: RT, n. 34, p. 204-231, 1985.

ÁVILA, Humberto. *Teoria dos princípios*. 6. ed. São Paulo: Malheiros, 2006.

BALEEIRO, Aliomar. *Direito Tributário Brasileiro*. Atualizado por Misabel Abreu Machado Derzi. 11. ed. Rio de Janeiro: Forense, 2010.

BALERA, Wagner. ICM – isenções por convênios. *RDT*, São Paulo: RT, n. 21-22, p. 163-182, 1982.

BARROS, Maurício; GUERRA, Gerson Macedo. Considerações sobre o Protocolo ICMS n. 23/09 e as importações envolvendo o Fundap – inconstitucionalidade e "efeitos colaterais". *RDDT*, São Paulo: Oliveira Rocha, n. 173, p. 102-115, fev. 2010.

BECHO, Renato Lopes. *Sujeição passiva e responsabilidade tributária*. São Paulo: Dialética, 2000.

BECKER, Alfredo Augusto. *Teoria geral do direito tributário*. 5. ed. São Paulo: Noeses, 2010.

BIRD, Richard Miller; GENDRON, Pierre-Pascal. *VATs in federal states: international experience and emerging possibilities*. Disponível em: <http://info.worldbank.org/etools/docs/library/128850/Bird%20Gendron%20Subnational%20Consumption%20VATs.pdf>. Acesso em: 14 jul. 2011.

BOBBIO, Norberto. *Teoria do ordenamento jurídico*. Brasília: UNB, 1989.

BORGES, José Souto Maior. Hierarquia e sintaxe constitucional da lei complementar tributária. *RDDT*, São Paulo: Dialética, n. 150, p. 67-78, mar. 2008.

————. *Lei complementar tributária*. São Paulo: RT; EDUC, 1975.

————. *Teoria geral da isenção tributária*. 3. ed. São Paulo: Malheiros, 2001.

————. A lei de responsabilidade fiscal (LRF) e sua inaplicabilidade a incentivos financeiros estaduais. *RDDT*, São Paulo: Dialética, n. 63, p. 81-99, dez. 2000.

BRASIL. Ministério da Fazenda. *Carga Tributária no Brasil 2009*. Análises por Tributos e Bases de Incidência, ago, 2010. Disponível em: <http://www.receita.fazenda.gov.br/Publico/estudoTributarios/estatisticas/CTB2009.pdf>. Acesso em: 10 jan. 2011.

INCIDÊNCIA DO ICMS NAS OPERAÇÕES DE IMPORTAÇÃO

CARRAZZA, Roque Antonio. *Curso de direito constitucional tributário*. 22. ed. São Paulo: Malheiros, 2006.

————. *ICMS*. 11. ed. São Paulo: Malheiros, 2006.

————. O ICMS e os benefícios fiscais concedidos unilateralmente por Estado-membro. In: *Grandes questões atuais do direito tributário*. 4. vol. São Paulo: Dialética, 2000.

————. *Reflexões sobre a obrigação tributária*. São Paulo: Noeses, 2010.

CARVALHO, Osvaldo Santos de. "Guerra fiscal" no âmbito do ICMS. In: CAMPILONGO, Paulo Antonio Fernandes (Org.). *ICMS*. Aspectos jurídicos relevantes. São Paulo: Quartier Latin, 2008. p. 245-294.

CARVALHO, Paulo de Barros. ICMS – incentivos – conflitos entre Estados – interpretação. *RDT*, São Paulo: Malheiros, n. 66, p. 91-110, 1994.

————. *Curso de direito tributário*. 17. ed. São Paulo: Saraiva, 2005.

————. *Direito tributário, linguagem e método*. São Paulo: Noeses, 2008.

————. *Direito tributário*. Fundamentos jurídicos da incidência. 7. ed. São Paulo: Saraiva, 2009.

————. *Parecer inédito*. São Paulo, 26 ago. 2010.

————. "Guerra fiscal" e o princípio da não-cumulatividade no ICMS. *RDT*, São Paulo: Malheiros, n. 95, p. 7-23, 2006.

CASTILHO, Fabio Roberto Corrêa. *Guerra fiscal de ICMS* – conflito horizontal na Federação brasileira. 2010. Dissertação (Mestrado em Direito Econômico e Financeiro)–Universidade de São Paulo. São Paulo: Faculdade de Direito, USP, 2010.

CASTRO, José Augusto de. *Exportação*: Aspectos Práticos e Operacionais. 7. ed. São Paulo: Aduaneiras, 2007.

CATÃO, Marcos André Vinhas. *Regime jurídico dos incentivos fiscais*. Rio de Janeiro: Renovar, 2004.

COÊLHO, Sacha Calmon Navarro. *Curso de direito tributário brasileiro*. 10. ed. Rio de Janeiro: Forense, 2009.

COSTA, Alcides Jorge. *ICM na Constituição e na lei complementar*. São Paulo: Resenha tributária, 1979.

DERZI. Misabel Abreu Machado. Notas. In: BALEEIRO, Aliomar. *Direito Tributário Brasileiro*. 11. ed. Rio de Janeiro: Forense, 2010.

DI PIETRO, Maria Sylvia Zanella. *Direito administrativo*. 12. ed. São Paulo: Atlas, 2000.

FANUCCHI, Fábio. Convênios para isenção do ICM – inconstitucionalidade da lei complementar n. 24, de 1975. *RDT*. São Paulo: RT, n. 1, p. 42-45, 1977.

FERRAZ JUNIOR, Tercio Sampaio. ICMS: Não-cumulatividade e suas exceções constitucionais. *RDT*. São Paulo: RT, n. 48, p. 14-24, 1989.

————. Segurança jurídica e normas gerais tributárias. *RDT*. São Paulo: RT, n. 17-18, p. 51-56, 1981.

FERRAGUT, Maria Rita. *Responsabilidade tributária e o Código Civil de 2002*. 2. ed. São Paulo: Noeses, 2009.

FISCOSOFT ONLINE. Informações Fiscais e Legais. Disponível em: <http://www.fiscosoft.com.br>. Acesso em: 23 jul. 2011.

GAMA, Tácio Lacerda. Norma de competência tributária – e a visão dialógica sobre os atributos de unidade, coerência e consistência do sistema jurídico. *RDT*. São Paulo: Malheiros, n. 105, p. 62-82, 2001.

FLUSSER, Vilém. *Língua e realidade*. 3. ed. São Paulo: Annablume, 2007.

GILISSEN, John. *Introdução histórica do direito*. Lisboa: Fundação Calouste Gulbenkian, 1979.

INCIDÊNCIA DO ICMS NAS OPERAÇÕES DE IMPORTAÇÃO

KELSEN, Hans. *Teoria pura do direito*. São Paulo: Martins Fontes, 1991.

LARENZ, Karl. *La filosofía contemporánea del derecho y del Estado*. Madrid: Editorial Revista de Derecho Privado, 1942.

————. *Metodologia da Ciência do Direito*. 3. ed. Lisboa: Fundação Calouste Gulbenkian, 1997.

LINS, Robson Maia. *Controle de constitucionalidade da norma tributária*. Decadência e prescrição. São Paulo: Quartier Latin, 2005.

————. A revogação de isenção do ICMS e a desnecessidade de Convênio/CONFAZ. *RDDT*. São Paulo: Dialética, n. 106, p. 81-90, jul. 2004.

MACHADO, Hugo de Brito. *Curso de direito tributário*. 25. ed. São Paulo: Malheiros, 2004.

MELO, José Eduardo Soares de. *ICMS teoria e prática*. 9. ed. São Paulo: Dialética, 2006.

MENDONÇA, Christine. O leasing na importação e o ICMS. In: CAMPILONGO, Paulo Antonio Fernandes (Org.). *ICMS*. Aspectos jurídicos relevantes. São Paulo: Quartier Latin, 2008. p. 28-50.

MIRANDA, Pontes de. *Tratado de direito privado*. Parte geral. Tomo I. Rio de Janeiro: Borsoi, 1954.

————. *Tratado de direito privado*. v. 23. Rio de Janeiro: Borsoi, 1954.

MORAES, Alexandre. *Direito constitucional*. 10. ed. São Paulo: Atlas, 2001.

MOREIRA, André Mendes. *A não-cumulatividade dos tributos*. São Paulo: Noeses, 2010.

MOUSSALLEM, Tárek Moysés. *Fontes do direito tributário*. 2. ed. São Paulo: Noeses, 2006.

223

NERY JUNIOR, Nelson; NERY, Rosa Maria de Andrade. *Código civil anotado e legislação extravagante*. 2. ed. São Paulo: RT, 2003.

NIETZCHE, Friedrich. *Genealogia da moral*. Uma polêmica. São Paulo: Companhia das Letras, 1998.

OECD – Organization for Economic Co-operation and Development. Disponível em: <http://www.oecd.org/topic/0,369 9,en_2649_33739_1_1_1_1_37427,00.html>. Acesso em: 10 jan. 2011.

RESENDE, Fernando. *A reforma tributária e a federação*. Rio de Janeiro: FGV, 2009.

ROBLES, Gregorio. *O direito como texto*. Quatro estudos da teoria comunicacional do direito. São Paulo: Manole, 2005.

SILVA, Antonio Pinto da. Debate. In: BALERA, Wagner. ICM – Isenções por convênios. *RDT*. São Paulo: RT, n. 21-22, p. 163-182, 1982.

SOUZA, Rubens Gomes de. *Compêndio de legislação tributária*. Edição póstuma. São Paulo: Resenha Tributária, 1975.

TORRES, Heleno Taveira. Isenções no ICMS – limites formais e materiais. Aplicação da LC n. 24/75. Constitucionalidade dos chamados "convênios autorizativos". *RDDT*. São Paulo: Dialética, n. 72, p. 88-93, set. 2001.

VILANOVA, Lourival. *As estruturas lógicas e o sistema de direito positivo*. 4. ed. São Paulo: Noeses, 2010.

VILLEN NETO, Horácio; CASTRO, Leonardo Freitas de Moraes e. Importação por conta e ordem e por encomenda realizada por trading beneficiária do Fundap: reflexões atuais após o Protocolo ICMS 23/2009 celebrado entre São Paulo e Espírito Santo. *RDDT*. São Paulo: Dialética, n. 181, p. 57-70, out. 2010.

ZOCKUN, Maurício. *Regime jurídico da obrigação tributária acessória*. São Paulo: Malheiros, 2005.